Delphine Lebrun – Emmanuelle Jumeaucourt
Fotografin Sophie Dumont

DIE REZEPTE DER 100-Jährigen

Für Paul.

Delphine Lebrun – Emmanuelle Jumeaucourt
Fotografin Sophie Dumont

DIE REZEPTE DER 100-Jährigen

So essen die Menschen in den Blue Zones der Welt – für ein langes und glückliches Leben

riva

VORWORT

Gesund älter werden mit der richtigen Ernährung?

Das Altern ist ein umfangreiches und faszinierendes Thema. Wer wüsste nicht gern, wie man besser und länger lebt, um der Ewigkeit ein kleines Stück näher zu kommen?

Die gute Nachricht ist, dass die Lebenserwartung in Mitteleuropa steigt, vor allem dank des Rückgangs der Sterblichkeitsrate bei Frauen über 70 Jahren. Das lässt sich unter anderem mit dem medizinischen Fortschritt erklären, der Möglichkeiten bietet, verschiedenen Krankheiten vorzubeugen[1]. Wir wissen ja, dass vorbeugen besser ist als heilen. Aber letztlich geht es um einen ganzheitlichen Ansatz. Nur wenn verschiedene Faktoren richtig kombiniert werden, können wir uns lange einer guten Gesundheit erfreuen. Dazu gehören neben einer abwechslungsreichen, möglichst naturbelassenen Ernährung auch moderate körperliche Aktivität und gute Beziehungen zu anderen Menschen.

In einigen Regionen der Welt sind diese Faktoren ganz selbstverständliche Bestandteile des täglichen Lebens. Das bewirkt, dass in diesen sogenannten »blauen Zonen« besonders viele Menschen ein hohes Alter erreichen, ohne an degenerativen Krankheiten oder altersbedingter Demenz zu leiden. Solche »blaue Zonen« finden sich in Griechenland, Sardinien, Japan, Costa Rica und Kalifornien.

Mit diesem Buch möchten wir Sie auf eine Reise rund um die Welt einladen, um diese glücklichen, jahrhundertealten Bevölkerungsgruppen kennenzulernen und die Besonderheiten ihrer Küche und ihrer Lebensweise zu entdecken. Wir verraten Ihnen die Geheimnisse ihrer Langlebigkeit und wie Sie diese ohne Verzicht auf Genuss und Freude auch in Ihren Alltag integrieren können.

Der Jungbrunnen existiert also nicht nur in der Fantasie. Überzeugen Sie sich selbst …

Emmanuelle Jumeaucourt

1 Étude Insee, « La situation démographique en 2017 : état civil et estimations de population », 12. Juni 2019.

INHALT

VORSPEISEN 55

GERICHTE MIT FISCH UND FLEISCH 75

VEGETARISCHE GERICHTE 105

FRÜHSTÜCK, SNACKS UND DESSERTS 129

Keeper
Mitch Albom
FROM THE AUTHOR OF
THE INTERNATIONAL BESTSELLERS
Tuesdays with Morrie
&
The Five People You Meet in Heaven

ENTDECKUNGSREISE IN die >>blauen Zonen<<

»Nahrung sei eure Medizin,
und Medizin sei eure Nahrung.«

Hippocrates, Arzt in der griechischen Antike

Seit einiger Zeit hört man viel über die »blauen Zonen«. Dabei handelt es sich um Regionen in verschiedenen Teilen der Welt, in denen es auffallend viele gesunde und aktive Hundertjährige gibt. Ein Geheimnis ihrer hohen Lebenserwartung besteht in ihrer abwechslungsreichen Ernährung. Sie setzt sich zusammen aus weitgehend unverarbeiteten Lebensmitteln, ist reich an Obst, Gemüse, Hülsenfrüchten, Fisch, außerdem ein wenig Rotwein, ein wenig Ziegen- und Schafskäse und sehr wenig Fleisch – wenn überhaupt.

Anhand der Ernährung der Kreter haben Forschende die mediterrane Ernährung studiert und herausgefunden, dass sie sich ausgezeichnet zur Prävention eignet. In den 1950er- und 1960er-Jahren führte der amerikanische Professor Ancel Keys eine Studie durch, um die Zusammenhänge zwischen den Ernährungsgewohnheiten in verschiedenen Ländern (Finnland, Japan, Italien, Griechenland ...) und der Sterblichkeit durch Herz-Kreislauf-Erkrankungen zu untersuchen.

Seitdem haben sich viele Wissenschaftler mit der mediterranen Ernährung befasst. Sie sind sich einig, dass ein aus bestimmten Lebensmitteln zusammengesetzter Speiseplan in Kombination mit einem gesunden Lebensstil maßgeblich zur langfristigen Gesundheit beiträgt.

WARUM >>BLAUE ZONEN<<?

Im Jahr 2000 stellten die Demografen Michel Poulain und Gianni Pes fest, dass in der Region Barbagia im Herzen der Insel Sardinien auffällig viele Hundertjährige leben. Der Journalist Dan Buettner, der mit Poulain und Pes zusammenarbeitete, kennzeichnete später auf einer Weltkarte diese und vier weitere Regionen mit ähnlich auffälliger Langlebigkeit mit einem blauen Marker. So kamen die »blauen Zonen« zu ihrem Namen.

Inzwischen ist belegt, dass die Bewohner dieser Regionen länger leben als der Durchschnitt. Ihre Chancen, 100 Jahre alt zu werden, liegen zehnmal höher als die der durchschnittlichen nordamerikanischen und europäischen Bevölkerung. So unterschiedlich die Gebräuche und Traditionen dieser Regionen sind: Sie haben gemeinsame Merkmale, die zur Langlebigkeit ihrer Bewohner beitragen. Eines dieser Merkmale ist die Ernährung.

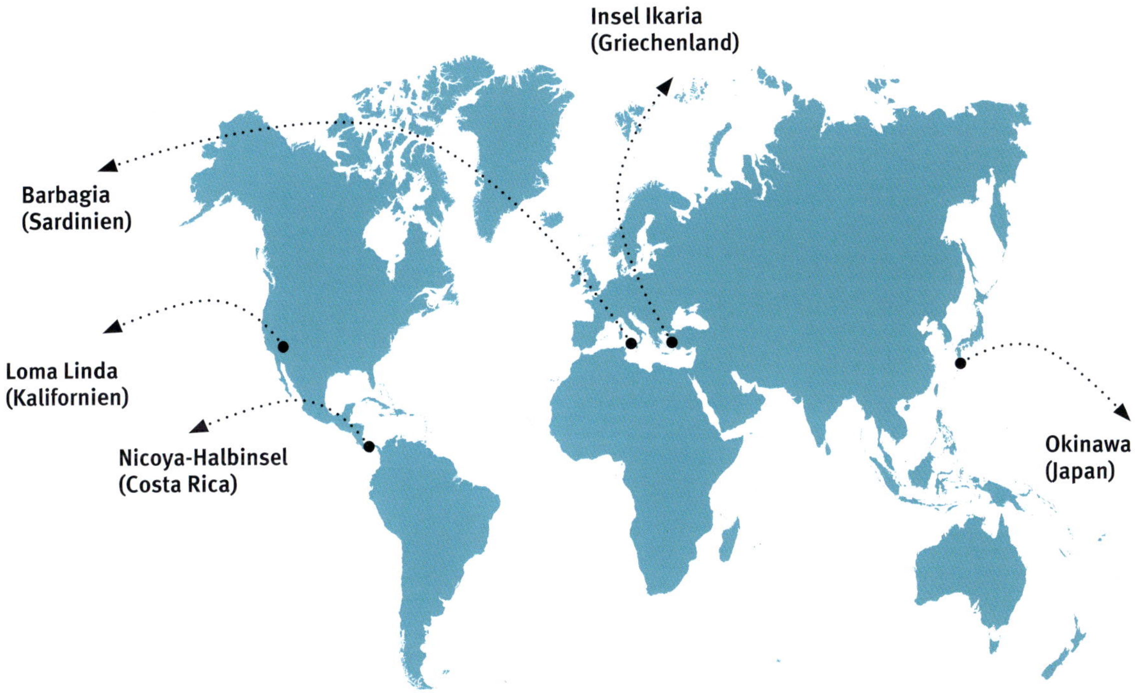

Die Ernährung der >>blauen Zonen<< im Überblick

Region Barbagia, **SARDINIEN**

Jede 5. Person wird älter als 90 Jahre.

GEHEIMNIS DER LANGLEBIGKEIT

HAUPTBESTANDTEILE DER ERNÄHRUNG:

- Selbst zubereitetes Gemüse (Bohnen, Auberginen, Tomaten ...)
- Mandeln
- Pecorino (Käse aus Schafsmilch)
- Ein Glas Rotwein am Tag

NUR IN KLEINEN MENGEN:

- Vollkornbrot
- Fleisch, höchstens einmal wöchentlich

TÄGLICHE KÖRPERLICHE AKTIVITÄT:

Die Bauern und Hirten in dieser Region bewegen sich täglich viele Stunden im Freien.

Insel Ikaria, GRIECHENLAND

Auf dieser ägäischen Insel wird jede dritte Person 90 Jahre alt. Das Risiko für Herz-Kreislauf-Erkrankungen, Krebs, Diabetes oder Altersdemenz ist außergewöhnlich niedrig.

Jede 3. Person wird älter als 90 Jahre.

GEHEIMNIS DER LANGLEBIGKEIT

HAUPTBESTANDTEILE DER ERNÄHRUNG:

- Gemüse aus dem eigenen Garten
- Linsen
- Grünes Blattgemüse
- Erbsen
- Kartoffeln
- Obst
- Fisch
- Olivenöl als Hauptfettlieferant
- Ziegen- und Schafskäse (und Milch), Feta
- Kaffee, Rotwein (in Maßen), Kräutertee (Salbei, Rosmarin, Oregano)

NUR SELTEN:

- Fleisch
- Zucker

FASTEN

Dass die Menschen in Ikaria regelmäßig fasten, hat ursprünglich religiöse Hintergründe. Das Fasten dient nicht dem Abnehmen, sondern dazu, dem Körper einige Tage Ruhe zu gönnen und ihn zu entgiften. Fastenneulinge nehmen ein Wochenende lang keine feste Nahrung zu sich, später kann die Fastendauer auf drei bis fünf Tage ausgedehnt werden. Schwangere sollten nicht fasten.

Inselgruppe Okinawa, JAPAN

Auf dieser Inselgruppe im Südwesten Japans bricht die Langlebigkeit Rekorde: 2019 wurden 66 Hundertjährige pro 100 000 Einwohner gezählt. Das ist in erster Linie der Ernährung zu verdanken.

GEHEIMNIS DER LANGLEBIGKEIT

HAUPTBESTANDTEILE DER ERNÄHRUNG:

- Gemüse
- Soja und Tofu in Miso-Suppen
- Adzukibohnen
- Grünes Blattgemüse
- Süßkartoffeln
- Fisch und Meeresfrüchte
- Ab und zu ein Glas Sake mit Familie oder Freunden

NUR IN KLEINEN MENGEN:

- Milchprodukte
- Zucker

Auf Okinawa gibt es 66 Hundertjährige pro 100 000 Einwohner – fast viermal so viele wie in Deutschland.

BEGRENZTE KALORIENAUFNAHME

In Okinawa praktizieren die Menschen *Hara hachi bu me*. Dabei gilt die Regel: »Fülle deinen Magen nur zu 80 Prozent.« Mit anderen Worten: Man isst nicht, bis der Magen voll ist, sondern bis man keinen Hunger mehr verspürt. Auf diese Weise nehmen die Okinawaner täglich etwa 1900 Kalorien zu sich, während Bewohner der westlichen Welt bis zu 2350 Kalorien konsumieren.

Halbinsel Nicoya, **Costa Rica**

GEHEIMNIS DER LANGLEBIGKEIT

HAUPTBESTANDTEILE DER ERNÄHRUNG:

- Gemüse (Kürbisse ...)
- Schwarze Bohnen
- Fettarmer Käse

33 % der Menschen sind älter als 90 Jahre, 5 % sind 100 oder älter.

NUR IN KLEINEN MENGEN:

- Eiern und Fleisch (Huhn und Schwein), meist nur zu festlichen Anlässen

Stadt Loma Linda, **Kalifornien**

Im Herzen dieser Kleinstadt lebt eine Gemeinschaft von Siebenten-Tags-Adventisten mit einer außergewöhnlich hohen Lebenserwartung.

GEHEIMNIS DER LANGLEBIGKEIT

VEGETARISCHE ERNÄHRUNG:

- Viel Nüsse
- Viel Obst, Gemüse, Hülsenfrüchte und frische Kräuter

WENIG BIS NIE:

- Tee, Kaffee, Alkohol
- Fleisch
- Gewürze und Gewürzsoßen

Die Zahl der Krebserkrankungen ist um 50–70 % niedriger als im Rest der USA.

AUF EINEN BLICK

Gemeinsame Merkmale der »blauen Zonen«:

- Überwiegend vegetarische Ernährung mit viel Obst, Gemüse, Hülsenfrüchten und gesunden Fetten (Olivenöl)
- Geringer Fleischkonsum
- Maßvoller Genuss von Rotwein
- Maßvoller Genuss von fettarmem Käse
- Begrenzte Kalorienaufnahme
- Wenig oder kein Zucker
- Regelmäßige moderate körperliche Aktivität
- Wenig Stress durch gute zwischenmenschliche Beziehungen (Familie, Freunde, Aktivitäten) und Kontakt zur Natur

LANGLEBIGKEITSPYRAMIDE DER >>BLAUEN ZONEN<<

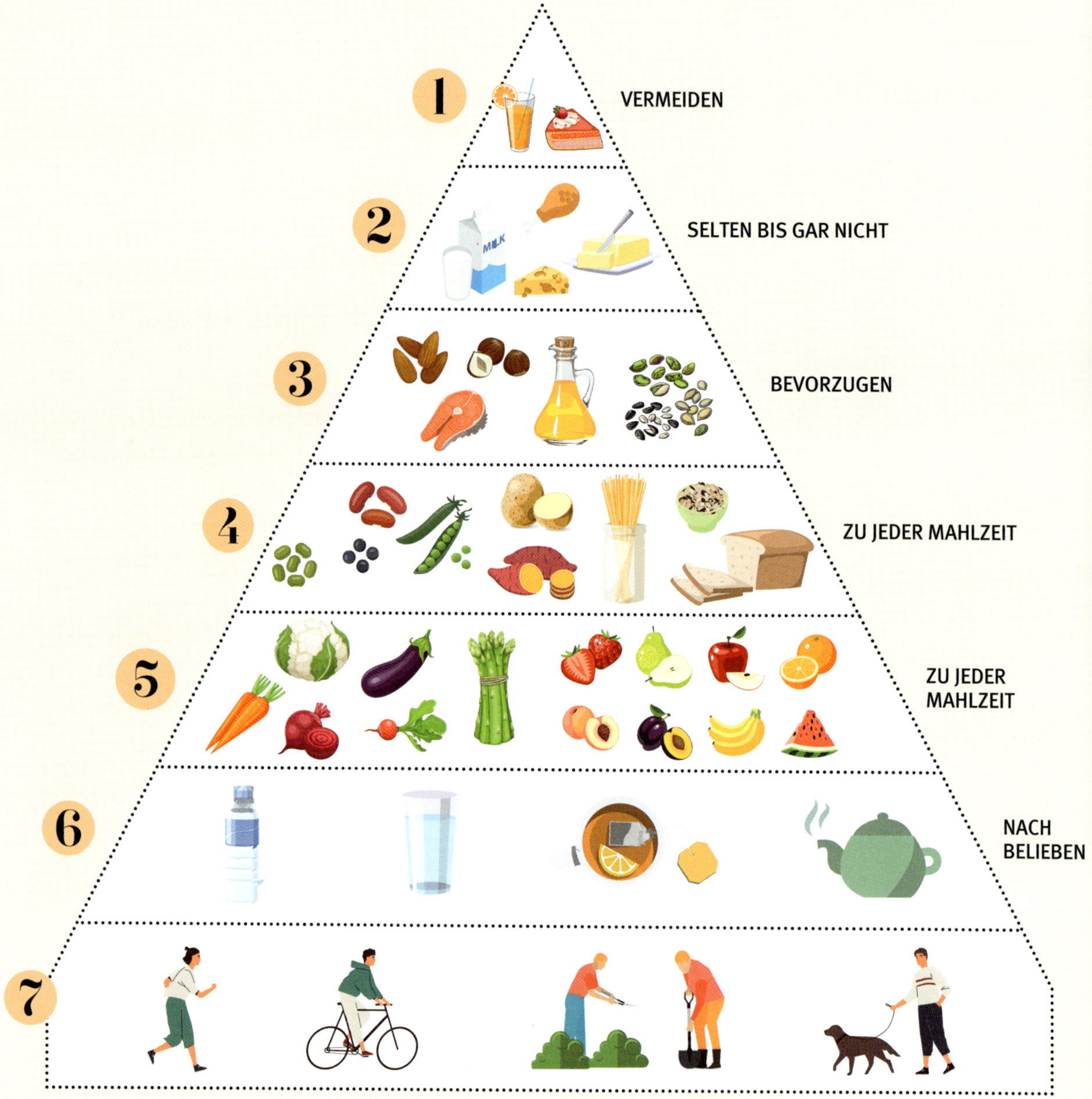

1. Fett- und zuckerhaltige sowie industriell verarbeitete Lebensmittel, zucker- und alkoholhaltige Getränke
2. Fleisch, Milchprodukte, Fette (Butter, Crème fraîche ...)
3. Pflanzliche Öle (Olive, Raps, Nussöle ...), Fisch, magerer Käse (Feta, Schaf, Ziege), Gewürze, Kräuter, Ölsaaten (Nüsse, Mandeln ...)
4. Stärkehaltige Nahrungsmittel (vorzugsweise Hülsenfrüchte)
5. Obst und Gemüse
6. Wasser und zuckerfreie Getränke (Tee, Kräutertee ...), Rotwein in geringen Mengen
7. Körperliche Aktivität, enge Beziehung zu Natur und Mitmenschen

IHR *Ernährungsplan* FÜR EIN LANGES LEBEN

Die Gesundheitsbehörden verschiedener europäischer Länder haben Studien zu den Ernährungsgewohnheiten ihrer Bevölkerung in Auftrag gegeben, und alle Ergebnisse haben gezeigt, dass wir immer mehr verarbeitete Lebensmittel, zu viel Salz und zu wenig Ballaststoffe zu uns nehmen.
Aber wie erreicht man eine Ernährung, die hauptsächlich auf Obst und Gemüse, Hülsenfrüchten, komplexen Kohlenhydraten und gesunden Fetten sowie Kräutern und Gewürzen, Trockenfrüchten, etwas Käse und Rotwein beruht und nahezu ohne Zucker auskommt? Hier finden Sie wertvolle Tipps.

MEHR UNVERARBEITETE LEBENSMITTEL

Die Bewohner der »blauen Zonen« ernähren sich vorwiegend von Lebensmitteln, die nur minimal verarbeitet sind und keine fragwürdigen Zusatzstoffe enthalten.
Im Lauf der Zeit haben sich unsere Lebensgewohnheiten verändert. Unverarbeitete Lebensmittel wurden durch schnelle, bequeme Industriekost verdrängt, weil wir Beruf und Familie in Einklang bringen müssen und weil manchmal einfach die Zeit oder auch die Lust zum Einkaufen und Kochen fehlt.
Um unsere Ernährung der in den »blauen Zonen« anzunähern, müssen wir wieder lernen, zwischen unverarbeiteten, wenig verarbeiteten und hochverarbeiteten Lebensmitteln zu unterscheiden und unverarbeitete Produkte schnell und unkompliziert zuzubereiten.

Unverarbeitete Lebensmittel tun uns gut. Verarbeitete Lebensmittel sind konserviert, sterilisiert oder gegart, enthalten Zucker und/oder Salz, aber keine weiteren Zusatzstoffe. Sie können gelegentlich verzehrt werden und sind praktisch, wenn die Zeit knapp ist. Hochverarbeitete Lebensmittel werden industriell produziert und enthalten Zusatzstoffe wie Farbstoffe, Konservierungsmittel, Konsistenzgeber, Salz, Zucker, gehärtete Fette ..., die bei regelmäßigem und langfristigem Verzehr der Gesundheit schaden können und zu Übergewicht beitragen.

UNVERARBEITETE,

wenig verarbeitete und hochverarbeitete Produkte

UNVERARBEITET

- Obst und Gemüse, naturbelassen, frisch oder TK
- Trockenfrüchte (Feigen, Aprikosen, Pflaumen ...)
- Ölsaaten ohne Salz (Nüsse, Mandeln ...)
- Hülsenfrüchte (Linsen, Bohnen ...)
- Vollkorngetreide (Naturreis, Dinkel ...)
- Kalt gepresste Öle aus erster Pressung
- Fisch (auch gefroren), Fleisch und frische Eier
- Kräuter und Gewürze
- Tee und Kräutertee

WENIG VERARBEITET

- Käse
- Alkohol (Wein, Bier, Cidre, klare Schnäpse ...)
- Hülsenfrüchte und Fisch aus Konserven
- Butter, Crème fraîche ...

HOCHVERARBEITET

- Frühstückszerealien
- Nuss-Nougat-Creme
- Chips und ähnliche Knabbereien
- Bonbons, Kuchen, Schokoriegel ...
- Fertigsoßen (Tomate und andere)
- Tütensuppen und Fertiggerichte
- Margarine
- Light-Produkte
- Erfrischungsgetränke, Fruchtsaftgetränke

VERSUCHEN SIE, MÖGLICHST BEI JEDER MAHLZEIT 2 PORTIONEN GEMÜSE UND OBST ZU VERZEHREN.

1 Portion Obst und Gemüse entspricht ca. 80–100 g oder:

= 1 Orange

= 2 EL selbst gekochtes Kompott

= 1 Schale frischer Obstsalat

= 1 große Möhre

= ½ Teller grüne Bohnen

= 2 EL gegarter frischer Spinat

= 1 Teller grüner Salat

= 1 Teller Gemüsesuppe

= ½ rohe Paprikaschote

= ¼ Kohlkopf (klein)

= ½ Knolle Fenchel

GRUNDLAGEN DER ERNÄHRUNG FÜR EIN LANGES LEBEN

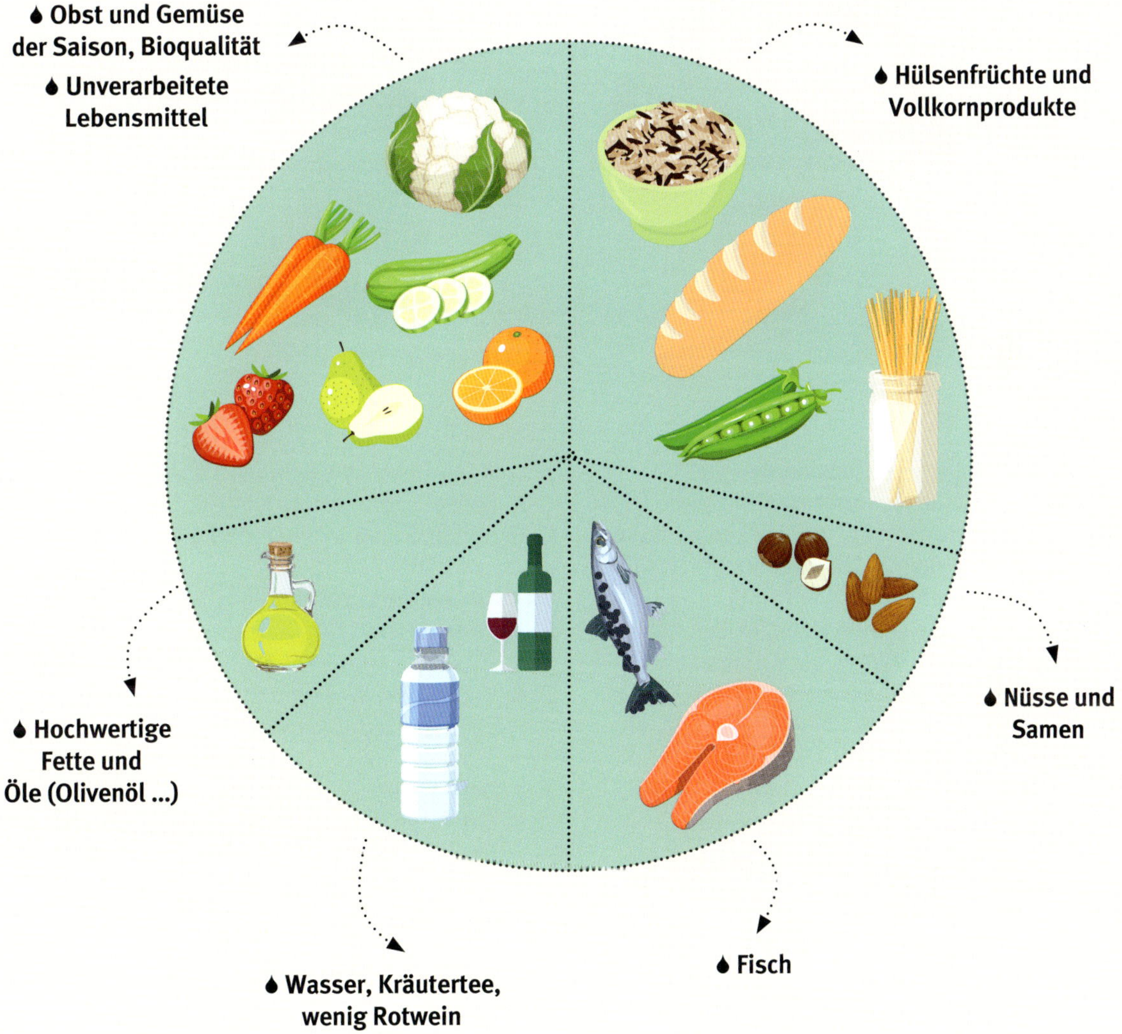

ERNÄHRUNGS-CHECK

Sag mir, was du isst …

Welche Mahlzeiten bevorzugen Sie?

☐ **A.** Schnelle. Im Vorratsschrank habe ich viele Konserven, und ich kaufe häufig Fertig- oder Halbfertiggerichte, weil sie praktisch und schnell sind.

☐ **B.** Ich koche selbst, wenn ich Zeit habe. Ab und zu darf es auch einmal ein Hamburger oder ein Fertiggericht sein.

Was frühstücken Sie?

☐ **A.** Ein heißes Getränk, Orangensaft und gekaufte Frühstückszerealien.

☐ **B.** Gar nichts.

Wie oft essen Sie Gemüse?

☐ **A.** Ein- oder zweimal pro Woche. Ich bevorzuge Brot, Nudeln und Kartoffeln.

☐ **B.** Zu fast jeder Mahlzeit.

Sie mögen Obst? Wie nehmen Sie es zu sich?

☐ **A.** Meist in Form von Fruchtsaft.

☐ **B.** Roh und im Ganzen, mehrmals täglich.

Was trinken Sie tagsüber?

☐ **A.** Kaffee, Fruchtsaft, manchmal etwas Wasser.

☐ **B.** Kräutertee, Wasser und im Restaurant ab und zu ein Glas Wein.

Wie kochen Sie?

☐ **A.** Mit guten Zutaten wie Butter und Crème fraîche.

☐ **B.** Mit Ölen und vielen Kräutern und Gewürzen.

Was essen Sie zwischen den Mahlzeiten?

☐ **A.** Ein paar Stücke Schokolade oder einen Müsliriegel.

☐ **B.** Nichts oder ein Stück Obst.

AUSWERTUNG:

Überwiegend A:
Ihre Ernährung ist ausbaufähig.
Mit einigen kleinen Veränderungen könnten Sie Ihre Ernährung abwechslungsreicher gestalten. Sie neigen zu verarbeiteten Lebensmitteln (Konserven, Gerichte in Soße, Fruchtsäfte, handelsübliche Zerealien ...), die viel Fett und Zucker und wenig wichtige Nährstoffe enthalten. Solche Lebensmittel sättigen nicht anhaltend, darum kann es tagsüber zu Heißhunger kommen. Diesen stillen Sie häufig mit Süßigkeiten, die viel Fett und Zucker enthalten. Die Folge: Ihr Körper sehnt sich nach immer mehr Fett und Zucker.
Sie denken, dass Sie nicht genug Zeit zum Kochen haben, und finden vielleicht Obst und Gemüse teuer.
Versuchen Sie, mehr unverarbeitete Lebensmittel in Ihren Speiseplan aufzunehmen: Obst und Gemüse, gute Fette zu jeder Mahlzeit (auf Sahne und Butter müssen Sie nicht verzichten), gesunde Süßungsmittel.

Überwiegend B:
Sie sind auf einem guten Weg.
Sie scheinen auf Ihren Körper zu hören und nur zu essen, wenn Sie hungrig sind. Sie gönnen sich von Zeit zu Zeit etwas Besonderes (z.B. einen Restaurantbesuch) und greifen nur zu Fertiggerichten, wenn Sie unbedingt Zeit sparen müssen.
Obst und Gemüse spielen in Ihrer Ernährung eine wichtige Rolle, und Sie wechseln geschickt zwischen hausgemachten Gerichten und Industrieprodukten ab, ohne dass dies Ihre Ernährungsbilanz beeinträchtigt.
Da die Ernährung der Schlüssel zur Gesundheit ist, sollten Sie regelmäßige Bewegung, ein gutes Stressmanagement und Ihre allgemeine Zufriedenheit im Blick behalten (siehe Seite 40–53).

OBST UND GEMÜSE SIND ENTSCHEIDEND

Viel Obst und Gemüse sind so wichtig, weil sie reich an lebenswichtigen Mikronährstoffen sind, die wir für den ganzen Organismus und jede einzelne Zelle brauchen.
Die Bewohner der »blauen Zonen« essen mehrmals täglich einheimisches Obst und Gemüse der Saison, oft sogar aus dem eigenen Garten. Diese Ernährung steht im Einklang mit den Empfehlungen von Wissenschaftlern und Gesundheitsbehörden. Vielleicht denken Sie jetzt: »Ich wohne in der Stadt und habe keinen eigenen Garten!« Doch auch dann stehen Ihnen einige Wege offen.

DIE TOP 3

Gemüse mit hohem Eisengehalt

1 Petersilie

2 Kresse

3 Spinat

CLEVER EINKAUFEN:

- Kaufen Sie Obst und Gemüse im Bioladen oder auf dem Markt direkt von Erzeugern aus der Umgebung.
- Bevorzugen Sie Obst und Gemüse mit kurzen Transportwegen. Auf langen Transporten gehen wertvolle Nährstoffe verloren.
- Gehen Sie am Ende der Marktzeit einkaufen. Viele Händler senken ihre Preise, bevor sie Waren wieder einpacken.
- Kaufen Sie Obst und Gemüse der Saison, also keine Erdbeeren und Tomaten im Winter. Sie sind teuer und schmecken oft fade.
- Kräuter und Gemüse kann man auch auf der Fensterbank oder auf dem Balkon ziehen. Es macht Spaß, ihnen beim Wachsen zuzuschauen und später die eigene Ernte zu genießen.

DIE GESÜNDESTEN GEMÜSESORTEN

Im Grunde ist jedes Gemüse gut, aber die Bewohner der »blauen Zonen« verzehren viel grünes Blattgemüse, das außerordentlich gesund ist. Schauen wir uns einige Arten genauer an.

KOHL

Am besten nur kurz dünsten oder knackig im Wok garen. Kohl ist reich an Vitaminen und anderen Nährstoffen, die Krebs vorbeugen können. Für den typischen Kohlgeruch ist die Schwefelverbindung Sulforaphan verantwortlich. Sie fördert im Körper den Abbau von Giftstoffen. Brokkoli enthält besonders viel Sulforaphan.

Vorteile +: Einigen Studien zufolge soll Brokkoli, wenn er drei- bis viermal wöchentlich verzehrt wird, den Dickdarm schützen und der Polypenbildung vorbeugen. Grünkohl ist reich an Provitamin A, den Vitaminen C und K, Mineralien und Antioxidantien. Er lindert oxidativen Stress und beugt vorzeitiger Zell- und Hautalterung vor. Besonders wirksam sind seine Inhaltsstoffe, wenn man ihn roh genießt.

SPINAT

Reich an Vitamin C und B9 sowie an Mineralien und Spurenelementen (vor allem Eisen).

Vorteile +: Spinat unterstützt die Sauerstoffversorgung des Gehirns. Weil er die Förderung roter Blutzellen anregt, beugt er Anämie vor (u. a. bei Menstruation und Schwangerschaft). Gedünstet als Gemüse, roh im Salat, in Suppen oder Smoothies genießen.

TOMATE

Dieses Fruchtgemüse steckt voller wertvoller Inhaltsstoffe. Lycopin und Vitamin C sind starke Antioxidantien, Chlor und Schwefel fördern die Entgiftungsfunktion der Leber und die Ausscheidung gesundheitsschädlicher Fette, Kalium unterstützt die Nierentätigkeit und beugt Bluthochdruck vor.

Vorteile +: Studien haben gezeigt, dass Mahlzeiten auf der Grundlage von Tomaten das Risiko für Prostatakrebs um 25 Prozent senken können[1].

KÜRBIS

Butternuss, Hokkaido, Muskat und wie sie alle heißen: Kürbisse erleben in den letzten Jahren eine wahre Renaissance als gesundes Wintergemüse. Sie sind kalorienarm, enthalten aber viel Provitamin A, Mineralien und Spurenelemente.

Vorteile +: Kürbis liefert wertvolle Mineralien, stärkt das Immunsystem und beugt Eisenmangel vor. Die farbigen Inhaltsstoffe Lutein und Zeaxan-

---

1 Denis Gingras und Richard Béliveau, *Les Aliments contre le cancer: la prévention du cancer par l'alimentation,* Le Livre de Poche, 2017.

thin sorgen für eine gute Augengesundheit und schützen vor freien Radikalen durch Sonnenlicht sowie vor Augenerkrankungen wie Katarakt (grauer Star) und altersbedingter Makuladegeneration. Das süßlich-milde Fruchtfleisch eignet sich für Pürees, Suppen, Kuchen und mehr. Kürbiskerne sind reich an ungesättigten Fettsäuren, Zink und Phytosterolen. Streuen Sie sie über warme Gerichte und Salate!

PAPRIKA

Ob rot, gelb oder grün: Paprikaschoten sind reich an Vitamin C und Ballaststoffen.

Vorteile +: Paprika fördert die Produktion von Verdauungssekreten und regt dadurch die Verdauung an. Sie schmecken würzig, enthalten aber wenig Natrium – ideal, um Salz einzusparen.

ALGEN

In der japanischen Küche ist Meeresgemüse seit jeher eine feste Größe. Diese Arten sollten Sie kennen:

› Spirulina

Reich an Mineralien und Spurenelementen (insbesondere Eisen), stärkt das Immunsystem und trägt zur Erhaltung der Vitalität bei. Enthält 55 bis 70 Prozent Proteine. Außerdem reich an Chlorophyll, das den Appetit reguliert. Für Gemüsegerichte, Salate, Suppen oder Smoothies.

› Wakame

Enthält viel Alginat, das das Verdauungssystem entgiftet, sowie Ballaststoffe für eine geregelte Verdauung. Stärkt mit dem hohen Gehalt an Betacarotin das Immunsystem. Enthält mehr Kalzium als Milchprodukte, außerdem Eisen und Jod für die Vitalität[2].

[2] Table de composition nutritionnelle des aliments, fiche du wakamé, Ciqual, Anses, 2017.

OBST: RICHTIG ODER FALSCH?

Obst sollte man möglichst roh essen.

WAHR

Beim Garen geht ein Teil der Nährstoffe verloren.

Man sollte Obst vor der Mahlzeit essen.

WAHR

Und zwar mindestens 20 Minuten vorher, denn es wird schneller verdaut als gekochte Nahrung. So werden die Nährstoffe besser aufgenommen, und der Transport im Darm wird gefördert.

Ein Stück Obst entspricht einer Portion Fruchtkompott.

FALSCH

Manche Vitamine und Mineralien, die in frischem Obst enthalten sind, gehen beim Kochen verloren. Kompott sollte nicht das tägliche Obst ersetzen und möglichst selbst gekocht sein. Wer Kompott kauft, sollte Produkte ohne zugesetzten Zucker wählen, denn die Früchte enthalten bereits Fruchtzucker.

Man kann beliebig viel Obst essen.

FALSCH

Obst ist zwar besser als ein Schokoriegel, enthält aber relativ viel natürlichen Fruchtzucker (Fruktose). Wird dieser im Übermaß konsumiert, kann er zu einem Anstieg des Blutzuckerspiegels führen.

1 Apfel = 2 Zuckerwürfel
15 Kirschen = 4 Zuckerwürfel

Tiefgefrorenes Obst enthält genauso viele Nährstoffe wie frisches.

WAHR

Wird Obst direkt nach der Ernte eingefroren, gehen keine Vitamine verloren. Essen Sie nach Möglichkeit frisches Obst. Sie können aber gern auf Tiefkühlprodukte zurückgreifen, um beispielsweise Beerenfrüchte auch außerhalb der Saison zu genießen.

Trockenfrüchte können frisches Obst ersetzen.

WAHR & FALSCH

Trockenobst enthält fast alle Nährstoffe von frischem Obst (Ballaststoffe, Vitamine, Mineralien ...), nur Vitamin C geht während des Trocknungsprozesses verloren. Trockenfrüchte sind also ähnlich wertvoll wie frisches Obst, sollten aber in Maßen genossen werden, denn sie haben einen hohen Zuckergehalt. 100 g frisches Obst enthalten durchschnittlich 60 bis 65 Kalorien, Trockenfrüchte dagegen 250 bis 300 Kalorien.

Ein Stück Obst entspricht einem Glas Fruchtsaft.

FALSCH

Fruchtsaftgetränke und Nektare enthalten ähnlich viel Zucker wie Softdrinks. Naturbelassene oder frisch gepresste Säfte enthalten zwar Vitamine, aber auch viel natürlichen Zucker (Fruktose).

OBST ZU JEDER TAGESZEIT

Eine Orange zum Frühstück, ein Apfel zwischendurch ... Obst ist ein wichtiger Beitrag zur ausgewogenen Ernährung. Wählen Sie ganz nach Geschmack!

BEEREN

Beeren sind wahre Nährstoffwunder. Studien haben gezeigt, dass sie vor allem der **Gehirnalterung** vorbeugen können.

› Heidelbeeren

Reich an Wasser, Vitamin C und E sowie Flavonoiden mit antioxidativer Wirkung. Relativ geringer Zuckergehalt.

Vorteile +: Beugen Durchblutungsstörungen vor und stärken die Augengesundheit.

› Schwarze Johannisbeeren

Reich an Ballaststoffen, Kalium, Polyphenolen und Provitamin A. Enthalten doppelt so viel Vitamin C wie Kiwis und dreimal so viel wie Orangen!

Vorteile +: Stärken das Immunsystem, wirken tonisierend, fördern die Wasserausscheidung durch die Nieren, schützen die Netzhaut.

› Himbeeren und rote Johannisbeeren

Reich an Ballaststoffen, Vitamin C und Polyphenolen, haben eine hohe antioxidative Wirkung und fördern die Aufnahme von Vitamin C. Himbeeren enthalten Ellagsäure, die unsere Zellen vor Schäden durch toxische Stoffe schützt.

Vorteile +: Regulieren die Darmtätigkeit und helfen, den Zucker- und Fettgehalt im Körper zu senken. Rote Johannisbeeren werden bei Durchfall (in Form von Gelee), Anämie, Stress ... empfohlen.

KIWI

Die süß-säuerlichen Früchte stecken voller Mikronährstoffe. Der Vitamin-C-Gehalt der Schale ist doppelt so hoch wie der von Zitrusfrüchten – also Kiwis am besten mit Schale essen! Kiwis enthalten viermal so viele Ballaststoffe wie ein kleiner Teller rohe Sellerie.

Vorteile +: Kiwis stärken das Immunsystem und tragen mit antioxidativen Polyphenolen und Vitamin E zur Vorbeugung gegen altersbedingte degenerative Krankheiten bei.

BANANE

Reich an Kalium und Kohlenhydraten, der Nährwert hängt jedoch vom Reifegrad ab. Je reifer eine Banane ist, desto süßer ist sie und desto mehr der enthaltenen Stärke wird in schnell verdaulichen Zucker umgewandelt. Darum sollten Sie feste, nicht zu reife Bananen bevorzugen.

Vorteile +: Hervorragender Energielieferant für unsere Muskeln, insbesondere bei körperlicher Anstrengung.

MANGO

Die exotische Frucht enthält wenig Zucker und Kalorien, ist aber reich an Provitamin A und Vitamin C.

Vorteile +: Wird wegen der vorteilhaften Kombination von Ballaststoffen und Enzymen auch bei empfindlichem Magen gut vertragen. Reguliert die Verdauung und fördert die Ausscheidung von Abfallstoffen. Beugt vorzeitiger Zellalterung vor.

AVOCADO

Das Fruchtgemüse ist eine ausgezeichnete Quelle für Omega-3-Fettsäuren. Avocados sind reich an Betacarotin (Provitamin A) und den Vitaminen B, C und E. Bei gleichem Gewicht enthält die Avocado mehr Mineralien und Spurenelemente (Kupfer, Magnesium, Phosphor …) als andere Früchte.

Vorteile +: Beugt Herz-Kreislauf-Erkrankungen, Depressionen und Diabetes vor und ist am Aufbau der Zellmembranen beteiligt.

Nährstoffe von Obst und Gemüse optimal nutzen

- **Obst und Gemüse in Bioqualität nicht schälen, denn die Schale ist besonders reich an Inhaltsstoffen.**
- **Zum Waschen nicht in Wasser legen, sondern nur zügig abspülen.**
- **Clevere Kombinationen sind besonders wertvoll: geraspelte Möhren mit Zitronensaft und Orangenvierteln, Pastinakenpüree mit grünem Apfel …**
- **Schonendes, kurzes Garen, zum Beispiel Dämpfen oder Braten im Wok.**

KOMPLEXE KOHLENHYDRATE

Die Bewohner der »blauen Zonen« essen bevorzugt Hülsenfrüchte und Vollkornprodukte. Es gibt so viele interessante und köstliche Alternativen zu Reis und Nudeln! Stärkehaltige Lebensmittel sollten zu jeder Mahlzeit gegessen werden und etwa ein Viertel der Gesamtportion ausmachen.

Man unterscheidet vier Gruppen von Stärkelieferanten:

› **Knollengewächse** (Kartoffel, Süßkartoffel ...)

› **Getreide** (Reis, Nudeln, Weizen, Gerste, Dinkel, Bulgur ...)

› **Hülsenfrüchte** (Linsen, Erbsen, Bohnenkerne in jeder Farbe ...)

› **Brot**

Vorteile +: Stärkehaltige Lebensmittel sind ausgezeichnete Eiweiß- und Ballaststofflieferanten. Sie sind reich an Mikronährstoffen (Vitamine, Kalium, Eisen, Magnesium ...) und enthalten vor allem 50 bis 60 Prozent komplexe Kohlenhydrate. Sie sind fettarm, sättigend und haben oft einen niedrigen glykämischen Index (siehe unten). Ihre Kohlenhydrate werden langsam verdaut und sind ein guter Treibstoff für die Muskeln und das Gehirn – kurz gesagt, für unsere Vitalität.

INFO +

100 g Hülsenfrüchte enthalten genauso viele Proteine wie 100 g Fisch oder Fleisch.

Der glykämische INDEX

Der glykämische Index (GI) ist ein Maß für die Wirkung, die kohlenhydrathaltige Lebensmittel (Zucker) auf den Blutzuckerspiegel haben.

Je niedriger der GI eines Lebensmittels, desto weniger treibt es den Blutzuckerspiegel in die Höhe. Viele stärkehaltige Lebensmittel haben einen niedrigen GI (Topinambur, Linsen, Süßkartoffeln, brauner Reis, Kichererbsen, Spalterbsen, getrocknete Bohnen, Vollkornnudeln, Bulgur, Schwarzbrot ...). Andere haben einen hohen GI (Kartoffeln, Bohnen, Graupen, Weißbrot ...). Lebensmittel mit einem niedrigen GI sättigen anhaltend und helfen so, Heißhunger zu vermeiden.

Der GI eines Lebensmittels hängt auch vom Garzustand ab. So haben beispielsweise al dente gekochte Vollkornnudeln einen niedrigeren glykämischen Index als weich gekochte Nudeln.

GERSTE

Dieses Getreide hat viel zu bieten. Es ist reich an Ballaststoffen, Phosphor und Magnesium, regt die Durchblutung an und wirkt sättigend. Mit seinen starken Antioxidantien bekämpft es freie Radikale und damit die Alterung. Wertvoller als Perlgraupen sind ganz Gerstenkörner, die Kleie und Keim – und somit einen Großteil der Nährstoffe – enthalten.

Es gibt viele Möglichkeiten, Gerste zuzubereiten: als Suppe, im Salat, mit Obst. Gerstenmehl, gemischt mit Weizenmehl, kann für die Herstellung von Brot, Pfannkuchen, Kuchen ... verwendet werden.

LINSEN

Diese Hülsenfrüchte sind reich an Ballaststoffen, B-Vitaminen, Eisen, Eiweiß und Flavonoiden (starke Antioxidantien) und haben einen niedrigen GI.

Um den Nährwerte voll auszuschöpfen, sollten Sie lieber lose Linsen statt Konservenware kaufen. Kalt schmecken Linsen in einem Salat mit etwas Nussöl und Kräutern, warm schmecken sie gut zu Fisch.

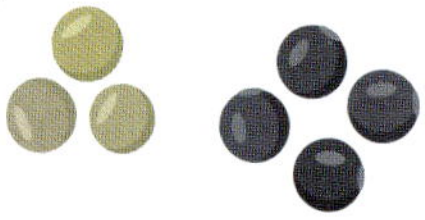

SÜSSKARTOFFELN

Die süßliche Knolle, die auf Okinawa sehr beliebt ist, enthält viel Vitamin C, Betacarotin und Kohlenhydrate. Zusammen mit Topinambur haben Süßkartoffeln den niedrigsten GI. Sie sind kalorienarm und sättigend, beugen also Hungerattacken zwischen den Mahlzeiten vor.

Ob in der Suppe, überbacken, im Ofen oder als süße Variante in einem Kuchen (siehe Rezepte auf den Seiten 108, 118, 148): Süßkartoffeln sind enorm vielseitig. Auch die Schale ist essbar.

FISCH? SEHR GERN!

Die Bewohner der »blauen Zonen« essen wenig oder gar kein Fleisch, wohl aber Fisch. Es wird empfohlen, mindestens zweimal pro Woche Fisch auf den Tisch zu bringen, davon 150 g fetthaltige Sorten.

Fisch ist reich an Proteinen (wichtig für die Muskeln), Omega-3-Fettsäuren, Eisen und Vitaminen, einschließlich B-Vitaminen, die für die Proteinsynthese und eine gute Energieverwertung wichtig sind. Da Fisch keine gesättigten Fette enthält, kann er auch bei hohem Cholesterinspiegel bedenkenlos genossen werden.

STÄRKE, aber richtig

- **Wechseln Sie zwischen unterschiedlichen Stärkequellen ab.**
- **Bevorzugen Sie Produkte mit niedrigem GI.**
- **Wählen Sie Brot und Nudeln in Vollkornqualität, genießen Sie Naturreis statt weißem Reis. Vollkornprodukte enthalten wesentlich mehr Nährstoffe.**
- **Essen Sie dreimal wöchentlich Hülsenfrüchte und Vollkorngetreide. Vegetarier sollten verschiedene Produkte kombinieren, um von der Synergie der Aminosäuren zu profitieren. Zum Beispiel Grieß + Kichererbsen, Weizen + Linsen, Bulgur + Bohnen, Gerste + Kidneybohnen.**

Mehrere Studien haben die positiven Auswirkungen von Fisch auf die Gesundheit nachgewiesen. Das gilt vor allem für fetten Fisch, der viel Omega-3-Fettsäuren enthält, konkret die Fettsäure DHA (Docosahexaensäure, gehört zur Omega-3-Familie), die dazu beiträgt, das Risiko der Alzheimer-Krankheit zu verhindern[3]. Zudem reguliert fetter Fisch Emotionen und Stress und fördert bei Ungeborenen die Gehirnentwicklung. Fischöl kann bei Menschen mit Depressionen zur Linderung beitragen.

Muscheln enthalten große Mengen an wichtigen Mineralien und Spurenelementen (Jod, Phosphor, Eisen ...). Sie stärken die Knochen, schützen die Schilddrüse und steigern die Vitalität bei Müdigkeit oder Anämie.

Andere Meeresfrüchte sind reich an Mineralien (insbesondere Phosphor), Spurenelementen (Eisen, Kupfer, Silizium ...) und Vitaminen. Außerdem sind sie kalorien- und salzarm.

DIE TOP 10

Fische mit viel Omega-3-Fettsäuren

1. Heilbutt
2. Hering
3. Seeteufel
4. Makrele
5. Zackenbarsch
6. Rote Meerbarbe
7. Sardine
8. Lachs
9. Blauflossenthun
10. Forelle

Trotz ihres hohen Gehalts an Omega-3-Fettsäuren sollten Sie Thunfisch, Seeteufel, Heilbutt und Lachs aus Gründen des Artenschutzes nur gelegentlich verzehren.

EIN LOBLIED AUF OLIVENÖL

Sahne, Butter, Soßen ... enthalten Fette, die mit Vorsicht zu genießen sind. In der Küche der »blauen Zonen« wird überwiegend Olivenöl verwendet. Es enthält Omega-9- und Omega-6-Fettsäuren, die Vitamine E und C sowie Polyphenole. Da sein Gehalt an Omega-3-Fettsäuren jedoch gering ist, sollte man es mit Omega-3-reichen Ölen wie Walnuss-, Lein- oder Weizenkeimöl mischen oder abwechseln.

Wie Fisch ist auch gesundes Öl wichtig für die Gesundheit des Nervensystems. Es stärkt Herz und Kreislauf und hilft, Diabetes und erhöhtem Cholesterinspiegel vorzubeugen.

WELCHES OLIVENÖL?

Kalt gepresstes, nicht raffiniertes Öl in Bioqualität.

Und wie viel? Etwa zwei Esslöffel pro Tag.

IM FOCUS:

Omega-3

Als Omega-3 bezeichnet man mehrfach ungesättigte Fettsäuren aus der Familie der Lipide. Unser Gehirn verbraucht 20 Prozent des Sauerstoffs, den wir einatmen, und 20 Prozent der Energie aus der Nahrung, die wir zu uns nehmen. Es braucht gute Fette, insbesondere Omega-3-Fettsäuren.

So schützen Omega-3-Fettsäuren:

- Sie senken das Risiko von Herz-Kreislauf-Erkrankungen und die Bildung von Blutgerinnseln (Thrombosen).
- Sie beugen einem erhöhten Cholesterinspiegel und Bluthochdruck vor.
- Sie beugen Diabetes vor.

Die Zufuhr von Omega-3-Fettsäuren sollte 250 mg pro Tag betragen, die meisten Menschen nehmen allerdings kaum die Hälfte dieser Menge zu sich.

Wir müssen Omega-3-Fettsäuren mit der Nahrung aufnehmen, weil der Körper sie nicht selbst produzieren kann. Gute Quellen sind:

- Fisch, vor allem fette Sorten
- Nüsse aller Art, Mandeln
- Eier
- Pflanzenöle (Walnussöl, Leinöl, Weizenkeimöl ...)
- Grünes Blattgemüse (Spinat, Kohl ...)

Öle mit hohem Omega-3-Gehalt	
Öl	**Omega-3-Gehalt pro 100 g**
Walnussöl	69,6 g
Leinöl	66,9 g
Weizenkeimöl	61,7 g
Sesamöl	40 g

Quelle: Tableau des aliments riches en acides gras polyinsaturés, Ciqual, Anses/Ciqual.

MEHR KRÄUTER UND GEWÜRZE!

Butter, Sahne, Zucker, Salz und Mayonnaise sind gute Geschmacksträger, sollten aber sparsam genossen werden. Gesünder sind fett- und zuckerarme Kräuter und Gewürze sowie Aromagemüse.

KRÄUTER UND WÜRZGEMÜSE

Zwiebeln, Knoblauch, Schalotten, Schnittlauch, Minze, Koriander ... Sie alle können nach Belieben zum Würzen verwendet werden. Der Star in dieser Kategorie ist der Knoblauch, der einen bemerkenswerten Gesundheitswert hat und in Asien schon seit über 5000 Jahren verwendet wird. Sein bedeutendster Inhaltsstoff ist die Schwefelverbindung Allicin.

Die Weltgesundheitsorganisation empfiehlt Knoblauch bei mäßigem Bluthochdruck. Wegen seiner antiseptischen Wirkung lindert er auch Beschwerden des Verdauungs- und Atmungssystems (Rachen, Bronchien, Nase).

GEWÜRZE

Curry, Kreuzkümmel, Kurkuma, Zimt, Paprika, Ingwer ... Gewürze bringen Farbe auf den Tisch und verwöhnen die Geschmacksknospen! Hier finden Sie einen kleinen Überblick:

BITTE SPARSAM mit Salz!

Salz ist ein hervorragender Geschmacksverstärker, sollte aber sparsam genossen werden. Zu viel Salz kann Bluthochdruck fördern. In Mitteleuropa nehmen Männer pro Tag durchschnittlich 9 g und Frauen 7 g Salz zu sich, obwohl eine Tagesmenge von nur 6 g empfohlen wird. Setzen Sie lieber auf Gewürze und frische Kräuter. Meiden Sie industriell gefertigte Gerichte und gepökelte Fleischwaren, die besonders viel Salz enthalten.

Empfohlene Menge = 6 g Salz pro Tag
Höchstmenge = 12 g

Kurkuma

Das »indische Gold« ist dank seines Wirkstoffs Curcumin ein starkes Antioxidans. Es fördert die Verdauung und die Lebertätigkeit.

In der Küche: Verwenden Sie das Pulver oder die frische Wurzel. Um seine Wirkung zu steigern, sollten Sie Kurkuma nicht kochen und ihn mit Pfeffer mischen, bevor Sie ihn zu warmen Gerichten und Marinaden hinzufügen.

Ingwer

Ingwer gilt als Aphrodisiakum. Er lindert Übelkeit, fördert die Verdauung und stärkt das Immunsystem (wirksam bei Halsschmerzen oder einer leichten Erkältung, in einer heißen Zitrone mit ein wenig Honig aufgegossen).

In der Küche: Als Pulver, roh gerieben oder in Scheiben. Für Suppen, Smoothies, Gemüsegerichte und als überraschend guter Ersatz für Pfeffer.

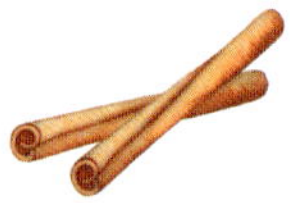

Zimt

Zimt wirkt entschlackend und krampflösend, lindert Darmbeschwerden, fördert die Verdauung und hilft beim Einschlafen.

In der Küche: Der süßliche Geschmack passt gut zu Desserts, aber auch zu heißen Getränken und herzhaften Gerichten. Wirkt in Verbindung mit Ingwer besonders positiv auf die Verdauung.

Gewürznelken

Sie enthalten den antiseptischen und leicht betäubenden Inhaltsstoff Eugenol, der Schmerzen – vor allem Zahnschmerzen – lindert.

In der Küche: Eine Zwiebel mit Gewürznelken spicken und in einer Brühe, einem Gemüsegericht oder einer Suppe mitgaren. Bei Bauchschmerzen zwei bis drei Gewürznelken in einem Topf mit Wasser köcheln und ziehen lassen, dann trinken.

GESUNDE NÜSSE

Die Einwohner der kalifornischen Stadt Loma Linda essen eine Menge Walnüsse. Diese kleinen, gehaltvollen Kerne sind hervorragende Lieferanten für Omega-3-Fettsäuren, Vitamin E, Ballaststoffe, Mineralien und Proteine. Wie Mandeln tragen sie dazu bei, den Cholesterinspiegel zu regulieren und Herz-Kreislauf-Erkrankungen vorzubeugen. Mehrere Studien haben gezeigt, dass ein regelmäßiger maßvoller Verzehr von Nüssen auch zur kognitiven Gesundheit beiträgt.[3]

DIE RICHTIGE MENGE:
5 Walnüsse pro Tag
oder 20 Mandeln
oder 10 Haselnüsse

ABWECHSLUNGSREICH KNABBERN

Mandeln, Haselnüsse, Walnüsse, Cashewkerne, Paranüsse, Pekannüsse, Pinienkerne ... Streuen Sie die leckeren Kerne auf Salate (z. B. Chicorée), warme Gerichte (Hähnchen mit Mandeln), Frühstücksgerichte oder Desserts. Rezepte finden Sie auf den Seiten 130, 132, 142, 146. Tragen Sie für den Notfall ruhig auch eine kleine Tüte Nüsse bei sich.

[3] »China Health Nutrition Survey«, *Journal of Nutrition*, Health & Aging, 2019.

Wählen Sie naturbelassene Nüsse statt gerösteter, gesalzener Produkte, und übertreiben Sie es nicht. Zweifellos sind Nüsse sehr gesund, aber sie enthalten auch viel Fett – und auch gesunde Fette liefern eine Menge Kalorien!

AB UND ZU ETWAS KÄSE

Die Empfehlung »drei Milchprodukte pro Tag« gilt in den »blauen Zonen« nicht. Dort werden hauptsächlich fettärmere Käsesorten aus Schafs- oder Ziegenmilch genossen. Die richtige Menge liegt bei etwa 40 g täglich.

Der Kalziumbedarf lässt sich auch durch andere Lebensmittel gut decken: Sardinen, Walnüsse, Mandeln, Spinat, Feldsalat, bestimmte Mineralwässer und Muscheln. Kalzium wird besser aufgenommen, wenn gleichzeitig Vitamin D zur Verfügung steht.

FLEISCH UND EIER NUR SELTEN

In den »blauen Zonen« wird Fisch bevorzugt. Fleisch kommt nur gelegentlich auf den Tisch. Ernährungsexperten empfehlen, den Fleischkonsum insgesamt einzuschränken und statt rotem Fleisch und Wurstwaren helles, mageres Fleisch (Huhn, Pute, Schweinefilet) zu bevorzugen. Fleisch ist reich an gesättigten Fettsäuren und kann bei zu häufigem Verzehr den Cholesterinspiegel ansteigen lassen und das Risiko für Herz-Kreislauf-Erkrankungen erhöhen.

Eier, vor allem das Eiweiß, sind eine gute Proteinquelle. Sie enthalten außerdem Aminosäuren, Mineralien und Fett (Omega-3), kosten weniger als Fisch und Fleisch und eignen sich gut für Vegetarier.

ANDERE PROTEINQUELLEN

TOFU

Tofu ist in der asiatischen Küche so unentbehrlich wie Baguette in Frankreich. Er wird aus geronnener und gepresster Sojamilch hergestellt und in China und Japan für Gerichte aller Art verwendet. Als pflanzliche Eiweißquelle kann er Fleisch und Fisch ersetzen. Tofu ist fett- und kalorienarm, enthält aber kein Kalzium.

MUNGOBOHNENSPROSSEN

Sie sind allgemein als »Sojasprossen« bekannt, enthalten viel Wasser und haben wenig Kalorien. Ihr Inhaltsstoff Folsäure (Vitamin B9) kann Erschöpfungszustände lindern, das Immunsystem stärken und die kognitiven Funktionen unterstützen. Sprossen sind leicht verdaulich und können roh oder gekocht verzehrt werden.

UND WAS IST MIT ZUCKER?

Der Zucker, der in den »blauen Zonen« genossen wird, stammt hauptsächlich aus Früchten. Bonbons, Kuchen oder Softdrinks stehen nicht auf dem Speisezettel der Hundertjährigen. In hohen Dosen wirkt Zucker wie eine Droge, und unser Gehirn verlangt immer mehr. Auf lange Sicht führt das zu Übergewicht, Herzbeschwerden, Zahnproblemen (Karies), Nierenschwäche, Störungen der Darmflora und vorzeitiger Hautalterung.

ALTERNATIVEN ZUM INDUSTRIEZUCKER

Es gibt zwar Süßungsmittel, die gesünder sind als weißer Zucker, aber auch sie sollten nur sparsam genossen werden.[4]

- **Honig:** Am besten in Bioqualität, geeignet für heiße Getränke, kann auch mit Quark und Trockenfrüchten gemischt werden.

- **Agavendicksaft:** Er wird aus einer Sukkulente gewonnen, eignet sich für Getränke und macht Gebäck schön saftig.

4 Weitere Informationen: *Bye bye le sucre (ou presque), Mes petits déj' et goûters mini sucre*, Larousse, 2019.

- **Ahornsirup:** Der bernsteinfarbene Sirup stammt aus Kanada und wird beispielsweise zum Backen, für Quarkspeisen und auf Pfannkuchen verwendet. Auf dem Etikett sollte die Adresse des Herstellers angegeben sein.

Versteckter ZUCKER

Achtung: Auch in herzhaften Produkten kann eine Menge Zucker stecken. Beispiele sind Tomaten-Fertigsoßen, Brühwürfel, Ketchup, Wurstwaren und manche Gemüsekonserven. Lesen Sie vor dem Kauf das Kleingedruckte auf dem Etikett.

- **Kokosblütenzucker:** Eine gute Alternative, kann weißen Raffinadezucker in Zubereitungen aller Art ersetzen.

- **Rapadura:** Wird aus luftgetrocknetem Zuckerrohrsaft gewonnen. Er ist im Geschmack und an Süßkraft milder als Rohrohrzucker.
- **Rohrohrzucker (Muscovado):** Der hellbraune Zucker mit dem blumig-würzigen Aroma eignet sich gut für Getränke und Desserts mit intensivem Geschmack (z.B. dunkler Schokoladenkuchen).

ROHKOST – OFT DIE BESSERE WAHL!

Wenn Pflanzen roh und unverarbeitet verzehrt werden, können sie die ganze Kraft und Qualität ihrer Mikronährstoffe entfalten. Ihre Inhaltsstoffe werden nicht durch Kochen zerstört und können vom Körper schneller aufgenommen werden. Rohes Obst und Gemüse ist reich an Vitaminen, Mineralien, Antioxidantien und natürlichen Enzymen. Es fördert die Ausscheidung von angesammelten Abfallstoffen aus dem Organismus, stärkt das Immunsystem und sättigt anhaltend. Der Körper wird nur wenig belastet, weil er nicht die durch das Kochen denaturierten Nährstoffe verdauen und anschließend ausscheiden muss. Rohkost versorgt den Körper mit Energie und erlaubt ihm gleichzeitig, sich auf mehr als nur die Verdauung zu konzentrieren.

Außerdem beugt der Genuss von rohem Obst und Gemüse Kopfschmerzen, Verdauungsproblemen und Allergien vor und verbessert die Qualität der Haut. Rohkost spendet Vitalität, sorgt für einen klaren Kopf und hilft, das »Verdauungstief« nach einer Mahlzeit zu vermeiden.

UND DIE Getränke?

Ihren Flüssigkeitsbedarf sollten Sie hauptsächlich mit Wasser decken, daneben sind Kräutertees (am besten in Bioqualität) geeignet. Kaffee sollten Sie eher wenig trinken. Und halten Sie es beim Rotwein wie die Sarden: Ein bis zwei Gläser pro Tag sind erlaubt. Rotwein versorgt den Körper mit Polyphenolen (Flavonoiden). Wegen seiner stark antioxidativen Wirkung schützt er vor freien Radikalen, beugt vorzeitigen Alterungserscheinungen vor und kann vor Herzerkrankungen schützen.

GUT zu wissen!

Es ist ein Irrglaube, dass Rohkost Verdauungsbeschwerden verursacht. Das Problem ist in diesem Fall die Darmflora. Ein Darm, der beispielsweise durch fettreiche Ernährung, Bewegungsmangel, Medikamente oder Stress geschwächt ist und sich in einem Entzündungszustand befindet, kann mit unverarbeiteter Nahrung voller aktiver Mikronährstoffe überfordert sein. Ein gesunder Darm verursacht keine Beschwerden und kann rohe oder gegarte Lebensmittel gleichermaßen gut verdauen.

SCHONENDE GARMETHODEN

Damit beim Kochen möglichst viele Mikronährstoffe erhalten bleiben, ist es wichtig, die richtigen Garmethoden anzuwenden. Manche Gemüsesorten reagieren empfindlicher auf Hitze als andere. Kohl beispielsweise sollte möglichst nur kurz gegart werden, zum Beispiel im Wok.

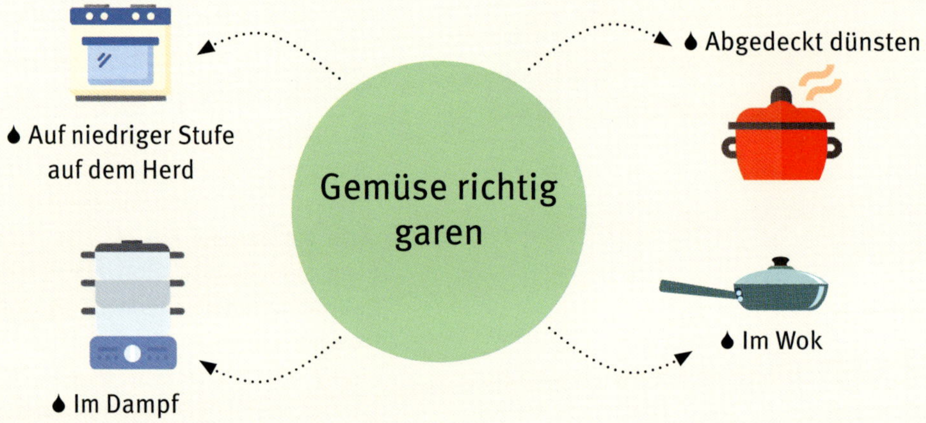

Kochen Sie vorzugsweise mit pflanzlichen Ölen. Gesättigte Fette (Butter, Sahne, Schmalz, Speck) sparsam verwenden und nur selten bei Temperaturen über 200 °C garen (braten, grillen, frittieren).

DIE NÄHRSTOFFDICHTE

in den »blauen Zonen«

Die Nährstoffdichte gibt den Nährstoffgehalt eines Lebensmittels im Verhältnis zur Menge an. Von den »blauen Zonen« können wir lernen, einen gesunden Speiseplan zusammenzustellen. Dazu gehören:

- Vitamine, Mineralstoffe und Spurenelemente, Antioxidantien, Proteine und Ballaststoffe aus Obst, Gemüse und Hülsenfrüchten
- Unverarbeitete, nichtindustrielle Lebensmittel, meist aus lokaler Erzeugung mit kurzen Transportwegen, aus dem Gemüsegarten, vom Markt
- Hochwertige Fette, reich an Omega-3- und ungesättigten Fettsäuren: Olivenöl, Käse oder fettarme Milch (Ziegen- und/oder Schafsmilch)
- Kräuter und Würzgemüse (Petersilie, Koriander, Knoblauch ...) und Gewürze (Kurkuma, Ingwer, Curry ...)

Ernährung à la >>blaue Zonen<<:

Die folgenden drei Tagespläne orientieren sich an den Ernährungsgewohnheiten der »blauen Zonen«. Verwenden Sie vorzugsweise unverarbeitete oder wenig verarbeitete Lebensmittel in Bioqualität. Empfehlenswert ist außerdem, sich gut zu organisieren, um Zeit zu sparen. Schreiben Sie eine Einkaufsliste und kochen Sie größere Mengen, um auch am folgenden Tag versorgt zu sein oder um eine Portion für einen späteren Zeitpunkt einfrieren zu können. Kaufen Sie möglichst regionale und saisonale Zutaten. Weitere Rezepte finden Sie im zweiten Teil dieses Buchs.

Tag 1

Frühstück

Kräutertee (Rezepte auf Seite 138)
2 Scheiben Bio-Vollkornbrot
20 g Schafskäse
10 g Mandeln, Walnüsse oder Haselnüsse
2 Kiwis

Mittagessen

Wassermelonensalat mit Feta und Kürbiskernen (Rezept auf Seite 70)
Fetthaltiger Fisch nach Wahl (Sardinen, Makrele ...)
Im Dampf gegarte Kartoffeln + Olivenöl und Petersilie
Selbst gekochtes Ratatouille

Abendessen

Linsensalat (z. B. mit Koriander und Kreuzkümmel)
Rohes Gemüse (Radieschen, geraspelte Möhren, Fenchel, rote Bete, rote Paprika, Gurke, Rosinen ...)
+ Olivenöl, geriebener Ingwer, Gewürze nach Wahl, Zitronensaft,
frische Kräuter (Basilikum, Minze ...), Sesam
Quark aus Schafsmilch + gestückeltes Obst eigener Wahl

Ideen für drei Tage

Tag 2

Frühstück
Heißes Getränk nach Wahl
Haferporridge mit Ziegenmilch (Rezept auf Seite 130)

Mittagessen
Algensalat mit Gurke (Rezept auf Seite 68)
Lachs in Papier im Ofen gegart
Naturreis + Tomatensoße mit Petersilie und Knoblauch
Zitrusfrüchtesalat mit Granatapfel (Rezept auf Seite 144)

Abendessen
Paprikasalat mit Schafskäse und Kichererbsen (Rezept auf Seite 60)
Makrelen mit Kräuterfüllung auf Dinkelsalat (Rezept auf Seite 94)
Obst nach Wahl

Ideen für drei Tage

Tag 3

Frühstück
Heißes Getränk nach Wahl
Smoothie mit Spirulina (Rezept auf Seite 140)

Mittagessen
Salat aus Rübchen und roter Bete (Rezept auf Seite 72)
Hähnchenbrust mit Kräutern der Provence
Ratatouille
2 Scheiben Vollkornbrot
Apfelkompott ohne zugesetzten Zucker

Abendessen
Grüner Salat mit frischen Kräutern, Olivenöl und Zitronensaft
Gemüsesuppe mit Graupen und Garnelen (Rezept auf Seite 80)
Schafsjoghurt mit gebackenen Aprikosen (Rezept auf Seite 136)

DIE *Lebensweise* MACHT DEN UNTERSCHIED

Zweifellos spielt die Ernährung für die Gesunderhaltung eine wichtige Rolle, aber um bei bester Gesundheit ein hohes Alter zu erreichen, ist noch mehr notwendig. Maßgebliche Gründe für die Langlebigkeit in den »blauen Zonen« sind auch ein stressarmer Alltag, regelmäßige körperliche Aktivität, eine enge Beziehung zur Natur und starke Bindungen zu anderen Menschen. Das Geheimnis eines langen, gesunden und zufriedenen Lebens ist letztlich ein ganzheitlicher Ansatz, der alle Lebensbereiche einschließt.
Gerade Menschen, die in einer Großstadt wohnen, werden ein stressfreies, naturverbundenes Leben für eine Utopie halten. Tatsächlich hat aber jeder Mensch sein eigenes Leben in der Hand. Vieles ist möglich, wenn man sich dafür entscheidet. Gesundheit ist häufig der Lohn für ein bewusstes Handeln, und Handeln ist doch das, was Leben ausmacht.

BEWUSST ESSEN

»Essen« ist ein vielschichtiges Thema. Wie essen Sie? In Ruhe oder vor dem Fernseher? Im Stehen, in Eile? Mit Genuss oder mit Schuldgefühlen? Langsam oder schnell? Wir achten viel zu wenig darauf, wie wir essen. Oft haben antrainierte Automatismen die Oberhand, und unsere Empfindungen bleiben auf der Strecke. Dabei hat die Art und Weise, wie wir uns ernähren, großen Einfluss darauf, in welchem Maß unser Körper von den aufgenommenen Lebensmitteln profitiert.

WIE ISST MAN RICHTIG?

- **Das Hungergefühl bewusst wahrnehmen.** Die alte Regel »drei Mahlzeiten am Tag« ist nicht immer richtig. Üben Sie, Ihren Körper wahrzunehmen. Sie haben mittags keinen Hunger? Warum dann ein Mittagessen? Nehmen Sie Mahlzeiten zu sich, wenn Sie wirklich hungrig sind.
- **Auf das Sättigungsgefühl achten.** Die Bewohner von Okinawa nennen es *Hara hachi bu me*: Hören Sie auf zu essen, bevor sich der Magen voll anfühlt. Der Teller muss nicht leer gegessen werden. Wenn Sie satt sind, sollten Sie auch kein Obst essen, nur weil es gesund ist. Wer isst, ohne hungrig zu sein, gibt seinem Organismus falsche Signale, und das führt letztlich zu Funktionsstörungen wie Gewichtszunahme, Verdauungsbeschwerden oder schlechtem Schlaf.

♦ **Freude am Essen empfinden.** Darin liegt der Schlüssel zur Gesundheit. Verteufeln Sie keine Lebensmittel, indem Sie sich zum Beispiel einreden, Schokolade sei schlecht und Obst sei gut. Es gibt keine »guten« oder »schlechten« Lebensmittel, es kommt nur darauf an, wie viel Sie jeweils zu sich nehmen und wie Sie sich dabei fühlen.

Verabschieden Sie sich von Schuldgefühlen. Wenn Sie Appetit auf ein Sahneteilchen haben, kaufen Sie keinen Apfel, weil er »besser« für Sie ist. Im Gegenteil: Genießen Sie den Kuchen, lassen Sie ihn sich schmecken! Schuldgefühle im Zusammenhang mit dem Essen führen zu Stress und damit zu einem Anstieg des Nebennierenhormons Cortisol. Der Körper gerät aus dem Gleichgewicht, Nährstoffe und Fette werden schlechter aufgenommen, und es kann zu Unwohlsein oder Verdauungsstörungen kommen. Weil außerdem die Ausschüttung des Sättigungshormons Ghrelin gestört wird, steigt das Risiko, Essstörungen wie Bulimie oder Magersucht zu entwickeln. Essen soll Ihnen guttun!

♦ **Zeit nehmen.** Das ist in unserer schnelllebigen Gesellschaft nicht immer einfach. Trotzdem ist es wichtig, sich zum Einkaufen, Kochen und Essen Zeit zu nehmen. Hier ein paar Tipps, wie sich das umsetzen lässt:

- Sehen Sie sich die Farben des Essens an, riechen Sie am Essen, sagen Sie sich, dass jeder Bissen ein Genuss sein wird.
- Schalten Sie Computer, Fernseher und Handy aus. Konzentrieren Sie sich einfach nur auf die Farben und den Geschmack Ihres Essens.
- Setzen Sie sich und nehmen Sie sich für eine Mahlzeit mindestens 20 Minuten Zeit. Kauen Sie langsam. Dadurch nimmt das Gehirn wahr, dass Sie Nahrung aufnehmen, und das Sättigungsgefühl wird ausgelöst. Außerdem beginnt die Verdauung schon im Mund durch die Ausschüttung von Enzymen im Speichel.

♦ **Schön anrichten.** Was gut aussieht, schmeckt gut und wird im Magen besser aufgenommen. Stellen Sie Ihren Teller auf ein hübsches Set, benutzen Sie eine schöne Serviette oder ein Geschirr, das Ihnen gefällt (egal, ob aus Porzellan oder Plastik). Zum Nachtisch den Joghurt nicht aus dem Becher essen, sondern in eine kleine Schüssel umfüllen und mit ein paar Stückchen Obst oder Kakaonibs bestreuen. Wenn Sie die Mittagspause im Freien verbringen, wählen Sie einen ruhigen Ort, an dem Sie sich wohlfühlen. Und selbst wenn Sie es aus beruflichen Gründen

eilig haben: Nehmen Sie sich wenigstens ein paar Minuten Zeit, um in aller Ruhe im Sitzen zu essen.

Essen Sie am Arbeitsplatz möglichst nicht vor dem Computer, denn das führt leicht dazu, dass man beim Essen arbeitet. Nehmen Sie einen hübschen Teller und eine schöne Papierserviette. Richten Sie Ihr Essen an, als ob Sie zu Hause wären.

- **Gutes Essen ist zum Teilen da.** Ob mit der Familie oder mit Freunden: Gemeinsam macht das Essen mehr Freude.

BIOLOGISCHER HUNGER und emotionaler Hunger

Hinterfragen Sie Ihren Hunger. Wer verlangt nach Nahrung – der Magen oder die Emotionen?

- Der biologische Hunger braucht eine Weile, bis er sich einstellt, und macht sich beispielsweise durch Magenknurren bemerkbar. Sobald er gestillt ist, fühlen Sie sich satt, unabhängig davon, was Sie gegessen haben.
- Emotionaler Hunger wird durch einen gefühlsmäßigen Impuls ausgelöst, beispielsweise Stress, Langeweile, Einsamkeit oder ein geringes Selbstwertgefühl. Wir neigen dazu, solche unangenehmen Emotionen mit Nahrung zu beruhigen, ohne dabei auf das Hungergefühl, den Geschmack und die verzehrte Menge zu achten. Diese Art von Hunger ist es, die oft zu Schuldgefühlen führt.

SCHNELL UND GUT kochen, aber wie?

Ihr Leben ist hektisch, und Sie haben wenig Zeit, sich über Ernährung Gedanken zu machen? Beruf und Familie fordern Ihre ganze Kraft, und das Kochen ist eigentlich nur eine lästige Pflicht? Wir haben fünf Tipps für Sie, die Ihnen helfen können, effizient und mit Freude zu kochen.

- **Gut planen:** Schreiben Sie vor dem Einkaufen eine Liste mit allen Lebensmitteln, die Sie für mindestens eine Woche im Haus haben wollen.
- **Vorkochen:** Wann immer Sie Zeit haben (z. B. am Wochenende), kochen Sie alle Gerichte für die kommende Woche vor. Das ist in ein paar Stunden getan, wenn Sie ausreichende Lebensmittelvorräte und luftdicht schließende Behälter haben. Sie können Gerichte teilweise oder komplett zubereiten und dann vor Verzehr fertig garen oder aufwärmen.
- **Größere Mengen kochen.** Wenn Sie doppelte Portionen kochen, sind Sie am Abend oder am nächsten Tag versorgt.

SCHNELL UND GUT kochen, aber wie?

- **Konserven nutzen.** Die Bewohner der »blauen Zonen« verwenden hauptsächlich frische Produkte, aber Konserven (grüne Bohnen, Linsen, Sardinen ...) sind praktisch, wenn die Zeit knapp ist. Besser als Lebensmittel in Dosen sind Bioprodukte in Gläsern. Schauen Sie vor dem Kauf auf die Etiketten, um zu prüfen, ob zu viel Salz oder Zucker enthalten ist.
- **Einfrieren.** Frisch gekochte Mahlzeiten sind ideal. Sie können jedoch gehackte frische Kräuter, Gemüse, Fisch oder hausgemachte Gerichte einfrieren, um sie bei Bedarf aufzutauen. Das spart jede Menge Zeit!

INTERVALLFASTEN

Was haben die Bewohner von Ikaria und Okinawa gemeinsam? Sie beschränken ihre Kalorienzufuhr.

Auf Ikaria fasten die Menschen aus religiösen Gründen und um dem Organismus eine Ruhepause zu gönnen. Die Bewohner von Okinawa praktizieren *Hara hachi bu me*. Das heißt, sie hören auf zu essen, sobald der Hunger gestillt ist (siehe auch Seite 14). Beide Gruppen reduzieren dadurch ihre Kalorienaufnahme.

Eine Möglichkeit, solche Prinzipien in den Alltag zu integrieren, ist das Intervallfasten. Dabei wird nicht mehrere Tage lang gefastet, sondern mindestens 12 und bis zu 16 Stunden. Sie können beispielsweise vor 20 Uhr ein leichtes Abendessen und danach bis 13 Uhr am folgenden Tag keine feste Nahrung zu sich nehmen. Um den Flüssigkeitsbedarf des Körpers zu decken, sollten Sie Kräutertee trinken. Wer nur schwer auf das Frühstück verzichten kann, kann auch nach dem Mittagessen mit der Fastenphase beginnen, also das Abendessen ausfallen lassen und erst am nächsten Morgen wieder essen.

INTERVALLFASTEN – die Vorteile

- **Der Organismus bekommt eine Ruhepause und baut Giftstoffe ab.**
- **Der Körper wird sanft an das Fasten gewöhnt.**
- **Man fühlt sich leichter und hat mehr Energie.**
- **Man schläft besser.**
- **Die Verdauung wird angeregt.**

SCHOKOLADE: WAHR ODER FALSCH?

SCHOKOLADE HEBT DIE STIMMUNG. WAHR

Unter den 800 Inhaltsstoffen von Schokolade finden sich Magnesium, das entspannt und lindert Stress , sowie Phenylethylamin (PEA), das antidepressiv wirkt. 10 bis 20 g Schokolade am Tag bewirken bereits, dass Endorphine ausgeschüttet werden, die Glücksgefühle verursachen. Nicht umsonst wird Schokolade mancherorts als »Witwentröster« bezeichnet.

SCHOKOLADE MACHT DICK. FALSCH

Kein einzelnes Lebensmittel kann für Gewichtszunahme oder Übergewicht verantwortlich gemacht werden. Es hängt immer davon ab, wie viel man isst. 10 g Schokolade pro Tag entsprechen etwa 4 oder 5 Prozent der empfohlenen täglichen Kalorienzufuhr. Diese Menge hat keinen Einfluss auf Ihr Gewicht.

SCHOKOLADE VERURSACHT VERSTOPFUNG. FALSCH

Im Gegenteil, die Polyphenole und Ballaststoffe wirken positiv auf die Verdauung.

SCHOKOLADE VERURSACHT PICKEL. FALSCH

Akne wird durch ein Ungleichgewicht des Hormonhaushalts verursacht, nicht durch Lebensmittel.

Grund genug, Schokolade zu essen!

GESUNDE ERNÄHRUNG FÜR KINDER

Es ist wichtig, Kinder frühzeitig und mit Spaß an die gesunde Ernährung heranzuführen. So kann es gelingen:

- **Mitmachen lassen.** Nehmen Sie Ihre Kinder mit zum Einkaufen. Lassen Sie sie bei der Auswahl der Lebensmittel mitreden und beim Kochen helfen. Kinder haben keine Angst vor schmutzigen Händen! Machen Sie das Kochen zu einer spielerischen, gemeinsamen Aktion. Erzählen Sie etwas über die Lebensmittel, zum Beispiel, dass Möhren gut für die Augen sind, dass Avocado die Haare glänzen lässt oder dass Kohl gut für den Bauch ist.
- **Geschmäcker entdecken.** Lassen Sie Kinder Lebensmittel mit unterschiedliche Aromen probieren – saure Zitrone, zartbitteren Chicorée, säuerliche grüne Äpfel …

- **Kreativ anrichten.** Legen Sie Motive oder Muster mit Obst, Gemüse und Gewürzen – eine Banane als Nase, Erdbeeren als Augen oder ein Herz aus gemahlenem Zimt.
- **In Ruhe essen.** Gewöhnen Sie Kinder frühzeitig daran, dass Mahlzeiten gemeinsam eingenommen werden und dass Fernseher, Handy und Tablet aus bleiben. Die Ruhe hilft Kindern, sich auf das Essen zu konzentrieren und Geschmack und Sättigungsgefühl besser wahrzunehmen.
- **Gärtnern und ernten.** Zeigen Sie Kindern, wie aus Samenkörnern essbare Pflanzen wachsen können. Dadurch entwickeln Kinder ein besseres Verantwortungsgefühl für die Natur und die Lebensmittel, die sie essen.

ZAUBERFORMEL

SMS!

- **Sonne.** So viel wie möglich! Sie ist notwendig für die Synthese von Vitamin D, das Stress und Muskelverspannungen lindert, die Ausschüttung von Endorphinen fördert und den Appetit reguliert.
- **Wie?** Gehen Sie vor allem im Winter bei gutem Wetter möglichst oft spazieren. Setzen Sie mindestens Gesicht und Hände dem Tageslicht aus.
- **Massagen.** Sanfte Berührung beruhigt das Nervensystem, entspannt, reguliert Herzschlag und Atmung, fördert das Wohlbefinden und steigert das Selbstwertgefühl.
- **Wie?** Sie könnten sich beispielsweise nach dem Duschen massieren (oder massieren lassen). Füße, Hände, Gesäß und Ohren nicht vergessen. Diese Bereiche werden oft vernachlässigt.
- **Schlaf.** Guter Schlaf erfrischt, gibt dem Gehirn Ruhe, stärkt das Gedächtnis, reduziert Stress und die Produktion von Ghrelin (ein Hormon, das den Appetit fördert). Er verjüngt die Haut, deren Zellen sich nachts regenerieren, und reguliert die Stimmung. Das kann sich positiv auf die Beziehungen zu anderen Menschen auswirken.
- **Wie?** Nehmen Sie abends eine leichte, fettarme Mahlzeit zu sich. Trinken Sie Kräutertee und meiden Sie Stimulanzien (Kaffee, Alkohol). Schalten Sie zur Schlafenszeit Fernseher und Handy aus. Das Schlafzimmer sollte nicht zu warm, dunkel und ruhig sein.

RAUS IN DIE NATUR!

Gute Voraussetzungen für ein langes und gesundes Leben sind Gelassenheit und Freude. Es gibt so viele Möglichkeiten, sich Zeit für sich selbst zu nehmen und sich jeden Tag etwas Gutes zu tun.

Die Bewohner der »blauen Zonen« beziehen ihre Lebensenergie aus dem Kontakt mit anderen Menschen und mit der Natur. Selbst für Großstadtmenschen gibt es gute Möglichkeiten, solche Gewohnheiten auf das eigene Leben zu übertragen.

In Costa Rica sollen die glücklichsten Menschen der Welt leben. Dort tut man viel für den Schutz der Natur und das Wohlergehen der Bevölkerung.

Nur wer zufrieden ist, kann ein langes, gesundes Leben führen. Hinterfragen Sie sich einmal selbst. Fühlen Sie sich am richtigen Platz, stehen Ihre Entscheidungen im Einklang mit Ihren Gefühlen, haben Sie Frieden mit sich selbst? Akzeptieren Sie sich so, wie Sie sind? Fühlen Sie sich allein? Wer anderen nahe sein und Beziehungen aufbauen will, muss zuerst einmal mit sich selbst im Reinen sein.

Die Japaner pflegen seit jeher eine große Liebe zur Natur. Um Stress abzubauen, praktizieren Millionen von ihnen *shinrin yoku*, das Waldbaden. Sie tauchen in die Wälder ein und besuchen Zentren für Sylvotherapie (Baumtherapie). Diese Praxis hat eine nachweisbare Wirkung: Der Blutdruck sinkt, Anspannung und Angst lassen nach, das Immunsystem wird gestärkt, Konzentration und Vorstellungskraft werden verbessert.

Schalten Sie so oft wie möglich Computer und Handy aus, um sich von Mutter Natur umarmen zu lassen. So geht's:

- **Einen Ort suchen,** an dem es hohe Bäume gibt und man den Stadtlärm nicht hört.
- **10–20 Minuten gehen.** Wenn Ihnen dabei ein Gedanke durch den Kopf geht, konzentrieren Sie sich – wie bei einer Meditation – ganz auf Ihre Schritte.

- **Die Sinne wecken:** Schauen Sie sich um. Bewundern Sie Sonnenstrahlen, die durch die Bäume fallen. Berühren Sie Blätter oder Blüten, umarmen Sie Baumstämme. Gehen Sie barfuß, um zu spüren, wie das Gras Ihre Füße streichelt. Lauschen Sie den Geräuschen, den Vögeln, dem Knarren von Holz unter Ihren Füßen, plätscherndem Wasser, dem Wind. Nehmen Sie beim Atmen die Gerüche des Waldes wahr.

Regelmäßige Ausflüge in die Natur – auch kurze! – sind wichtige Auszeiten, in denen Sie abschalten und neue positive Energie tanken können.

TUN SIE SICH ETWAS GUTES!

IN KONTAKT MIT ANDEREN BLEIBEN

Die Bewohner der »blauen Zonen« pflegen sehr enge Beziehungen zu Familie und Freunden. Die Gemeinschaft scheint Stress erheblich zu reduzieren und dadurch die Lebenserwartung zu steigern. Alte Menschen werden in diesen Gesellschaften nicht in Altersheimen untergebracht, sondern leben bei ihren Angehörigen.

Beziehungen zu pflegen, bedeutet, sich nicht zu isolieren, Zeit mit seinen Lieben zu verbringen, an andere Dinge zu denken und zu lachen! Laden Sie Ihre Familie oder Freunde regelmäßig zu einem guten Essen ein. Nehmen Sie an kulturellen und künstlerischen Aktivitäten teil, bei denen Sie Kontakte knüpfen können. Auch ein Sportverein oder ein Gemeinschaftsgarten bieten Möglichkeiten zur Betätigung und zum Austausch mit anderen Menschen.

IN BEWEGUNG BLEIBEN

Hundertjährige sind ihr Leben lang ständig körperlich aktiv. Dabei geht es nicht um Höchstleistungen, sondern einfach um regelmäßige Bewegung. Körperliche Aktivität stärkt das Herz, hält das Gewicht stabil, reduziert Stress und das Risiko von Herz-Kreislauf-Erkrankungen. Sie fördert das Wohlbefinden und steigert das Selbstwertgefühl. Wer einen sitzenden Beruf hat, sollt sich täglich 30 Minuten bewegen: Spazierengehen, Nordic Walking, Radfahren, die Treppe statt der Rolltreppe nehmen ...

STRESSMANAGEMENT

Stress belastet die Gesundheit und die Beziehung zu anderen Menschen. In unserem schnelllebigen Alltag ist er eine Hauptursache für körperliche und psychische Beschwerden. Allerdings muss man zwischen positivem und negativem Stress unterscheiden.

Positiver Stress ist lebenswichtig. Er motiviert, gibt uns Kraft und Energie, macht uns glücklich. Auftreten kann er beispielsweise bei einer Beförderung, einer interessanten Herausforderung oder der Organisation eines besonderen Ereignisses.

Negativer Stress belastet und lähmt, drückt die Stimmung und hemmt unsere Handlungsfähigkeit. Er verursacht Beschwerden wie Verspannungen, Kopf- und Magenschmerzen, unruhigen Schlaf, Müdigkeit, Antriebslosigkeit, Appetitlosigkeit oder Heißhungerattacken.

Wer die Signale von negativem Stress erkennt, kann gezielt Maßnahmen ergreifen, um ihn abzubauen. Es gibt verschiedene Techniken, die nachweislich die Lebensqualität verbessern. Hier ein paar Beispiele:

- **Yoga:** Durch die Kombination von Haltung, Atmung und Meditation entspannt sich der Körper, Stress wird abgebaut und Energie fließt. Regelmäßige Yogaübungen helfen, körperliche Schmerzen zu lindern, Stress und negative Emotionen abzubauen, und sie stärken die Abwehrkräfte.

- **Meditation:** Sie beruhigt, lindert Anspannung und Ängste, fördert die Konzentration, macht glücklicher und verlangsamt Alterungsprozesse. Eine Studie aus dem Jahr 2010 hat gezeigt, dass Meditation sich positiv auf die Telomere auswirkt, die Strukturen am Ende der Chromosomen. Je stärker sich diese Telomere verkürzen, desto mehr altert der Organismus. Je öfter wir meditieren, desto länger bleiben sie intakt. Meditation bedeutet, die Augen für ein paar Minuten zu schließen und die Gedanken einfach fließen zu lassen, ohne ihnen nachzugehen, etwa wie eine Wolke, die vor der Sonne vorbeizieht.

TRAINIEREN

Sie Ihr Gedächtnis

Nicht nur der Körper braucht Bewegung, auch das Gehirn will trainiert werden. Um Denkvermögen und Gedächtnis spielerisch zu stärken, können Sie beispielsweise Sudokus oder Worträtsel lösen, Scrabble spielen, Gedichte und Lieder auswendig lernen oder sich Telefonnummern merken, statt sie zu speichern.

TABAK

Keine Frage: Wer 100 Jahre alt werden will, raucht nicht. Rauchen ist gesundheitsschädlich und führt zur vorzeitigen Alterung von Zellen, Haut und Organen. Dennoch sollten Raucher sich nicht noch zusätzlich mit Schuldgefühlen belasten. Wenn Sie darüber nachdenken, irgendwann aufzuhören, ohne wirklich zu wissen, ob dies morgen oder in einigen Monaten der Fall sein wird, sind Sie bereits auf dem Weg, Ihr Suchtverhalten zu besiegen.

- **Qigong:** Diese traditionelle chinesische Heil- und Selbstheilmethode besteht aus langsamen Bewegungen, Atemübungen und Meditation (qi bedeutet Atem, gong Arbeit oder Anstrengung). Im Mittelpunkt steht die Energiearbeit, die Körper, Geist und Emotionen ins Gleichgewicht bringt.
- **Aromatherapie:** Reine und natürliche ätherische Öle können in der richtigen Dosierung sehr beruhigend wirken. Geben Sie ein paar Tropfen eines Öls Ihrer Wahl in einen Diffusor, sodass sich sein Duft in der Raumluft ausbreitet. Nur wer sich sehr gut auskennt, sollte Öle mischen. Einige besitzen spezifische Wirkungen:
- **Für guten Schlaf:** Lavendel.
- **Gegen Stress und Anspannung:** Lavendel, Ylang-Ylang, Basilikum, Majoran
- **Für mehr Energie:** Rosmarin, Zitrone

Lassen Sie sich von einem Apotheker oder Aromatherapeuten über weitere Öle und deren Anwendung beraten.

DAS LACHEN NICHT VERGESSEN!

Studien zufolge sollten wir im Interesse unseres Wohlbefindens mindestens 10 Minuten am Tag lachen. Vor etwa 80 Jahren lachten die Menschen durchschnittlich 19 Minuten pro Tag, vor 40 Jahren waren es nur noch 6 Minuten, und heute geben 7 Prozent der Menschen an, so gut wie nie zu lachen. Dabei hat das Lachen so viel Gutes! Es sorgt für besseren Schlaf, fördert die Ausschüttung von Endorphinen (Glückshormonen), hilft beim Abbau von Stress und Anspannung, vermittelt Glücksgefühle und verbessert die Beziehungen zu den Mitmenschen. Wer sich also etwas Gutes tun will, sollte öfter lachen!

KLEINE ENTSPANNUNGSÜBUNG

- Aufrecht hinstellen mit geradem Rücken, die Arme hängen seitlich am Körper herab, die Augen sind geschlossen.

- Den Kopf nach vorn sinken lassen, einatmen und beim Ausatmen langsam vorbeugen.

- Am Ende des Atemzugs innehalten, einatmen und beim Ausatmen den Oberkörper noch etwas weiter sinken lassen. Dabei ist es nicht wichtig, ob Sie mit den Händen Ihre Füße berühren können.

- In der Vorbeuge bleiben, die Augen sind geschlossen, die Beine gestreckt. Schultern, Arme, Nacken, Mund und Zunge sind völlig entspannt. Vielleicht spüren Sie ein leichtes Ziehen in Beinen und Gesäß. 1–2 Minuten in dieser Haltung bleiben.

- Mit geschlossenen Augen den Oberkörper Wirbel für Wirbel wieder aufrollen, der Kopf wird zuletzt aufgerichtet.

Diese Übung dehnt den Körper, entlastet den Rücken und löst Verspannungen.

WOHLFÜHLHORMONE

Für Wohlbefinden und Glücksgefühle sind vor allem die folgenden vier Hormone zuständig:

- **Dopamin:** Ein Neurotransmitter oder Botenstoff im Gehirn. Dopamin kann nach körperlicher Anstrengung (Sport) oder nach dem Verzehr bestimmter Nahrungsmittel (Mandeln, Avocado, Banane, Rote Bete, Kohl, Limabohnen, Oregano, Rosmarin, Kurkuma …) ausgeschüttet werden.
- **Oxytocin:** Dieses vom Hypothalamus produzierte Hormon wird ausgeschüttet, sobald eine positive Beziehung entsteht (Freundschaft, Liebe, elterliche Bindung …). Es baut Ängste ab und vermittelt ein Gefühl der Sicherheit.
- **Serotonin:** Das Glückshormon wirkt Stimmungsstörungen und Depressionen entgegen. Angeregt wird seine Ausschüttung durch Lebensmittel, die Tryptophan enthalten, eine essenzielle Aminosäure und Vorstufe von Serotonin, die in Eiern, Spinat, Samen, Nüssen und Vollkornprodukten enthalten ist. Auch Bewegung und Sonnenlicht fördern die Ausschüttung.
- **Endorphine:** Diese Botenstoffe heben die Stimmung und fördern den Schlaf. Ausgelöst wird ihre Ausschüttung durch körperliche Aktivität und süße Lebensmittel wie Schokolade.

ÜBUNG FÜR MEHR ENERGIE

Ziehen Sie morgens vor dem Frühstück ein bequemes Outfit an und machen Sie sich bereit zum Springen! Wiederholen Sie jede der folgenden kleinen Übungen zehnmal, immer mit aufrechtem Rücken:

- **Abwechselnd mit geschlossenen und gegrätschten Beinen landen.**
- **Wie zuvor, und gleichzeitig beim gegrätschten Sprung die Hände über dem Kopf zusammenführen, beim geschlossenen Sprung wieder senken.**
- **Mit geschlossenen Beinen abwechselnd nach rechts und links springen.**
- **Mit geschlossenen Beinen, geradem Rücken und Armen an den Seiten immer höher springen, als ob Sie mit dem Kopf die Decke berühren wollten.**
- **Alternativ könnten Sie jeden Morgen 10 Minuten seilspringen, um in Schwung zu kommen.**

KALTES WASSER macht gesund!

Die Bewohner der »blauen Zonen« profitieren von der Natur, der Sonne und dem Meer. Ein morgendliches Bad im Meer ist nur den wenigsten Menschen möglich, aber Sie können die morgendliche Dusche mit einem kalten Guss beenden. Bleiben Sie 3–5 Minuten unter dem kalten Wasser stehen. Das regt den Blutkreislauf und die Sauerstoffversorgung an, stärkt das Immunsystem, aktiviert die Organe, fördert die Ausscheidung von Giftstoffen, strafft die Haut, hilft beim Einschlafen – und soll dank der Ausschüttung von Noradrenalin sogar gegen Depressionen helfen.

SCHLUSSBEMERKUNG

100 Jahre alt zu werden ist nicht unmöglich. Wichtig ist, sich eine gesunde Lebensweise anzugewöhnen, die das eigene Denken und Handeln ganzheitlich umfasst. Nehmen Sie sich dabei Zeit und halten Sie Ihren ganz eigenen Rhythmus ein. Tun Sie sich etwas Gutes. Essen Sie hochwertige Lebensmittel, die Ihnen gut schmecken. Bleiben Sie in Bewegung, am besten an der frischen Luft. Widmen Sie sich Ihrem Körper, Ihrem Geist, der Natur, anderen Menschen und dem, was Ihnen wichtig ist. Sorgen Sie gut für sich selbst.

Und blättern Sie schnell weiter, um abwechslungsreiche und köstliche Rezepte zu entdecken, die von den Essgewohnheiten der »blauen Zonen« inspiriert sind – auf dass auch Sie lange, gesund und glücklich leben.

Vorspeisen

MISO-Suppe

Für 4 Personen

VORBEREITUNG: 10 Minuten
GARZEIT: 10 Minuten

- *2 EL weiße Misopaste*
- *200 g Seidentofu*
- *1 EL Dashi (asiatische Brühe, Granulat)*
- *2 EL Sojasoße*
- *200 g kleine Champignons*
- *2 Frühlingszwiebeln*
- *100 g frische Wakame (Bioladen)*
- *1 Prise Sesam*

500 ml Wasser in einem Topf zum Kochen bringen. Dashi und Sojasoße hinzufügen, die Brühe bei schwacher Hitze köcheln lassen. Einen Teil der Brühe in eine Schüssel füllen und die Misopaste darin unter Rühren auflösen. Die Mischung wieder in den Topf gießen.

Den Tofu würfeln, die Champignons in dünne Scheiben schneiden oder hobeln, die Frühlingszwiebeln in feine Ringe schneiden. Das Gemüse in Portionsschalen verteilen und die Wakame darauflegen. Mit der Brühe aufgießen und mit Sesam bestreuen. Heiß servieren.

Gebackener Feta
MIT HONIG UND BLAUEN TRAUBEN

Für 4 Personen

VORBEREITUNG: 5 Minuten
GARZEIT: 25 Minuten

- *2 Blöcke Feta (insgesamt 400 g)*
- *2 EL Honig*
- *1 Rispe blaue Weintrauben (z. B. Muscat)*
- *1 kleines Bouquet garni*
- *2 EL Olivenöl*

Den Backofen auf 200 °C vorheizen. Die Fetablöcke halbieren. Jedes Stück auf einen ofenfesten Teller legen. Die Weintrauben ringsherum verteilen und alles mit Honig und Olivenöl beträufeln. Mit Kräutern und Pfeffer bestreuen. 25 Minuten im Ofen überbacken.

Heiß servieren. Dazu schmeckt ein frischer Salat.

Variante:
Je nach Saison können Sie statt der Trauben auch Kirschtomaten, Oliven oder Feigen verwenden.

Paprikasalat

MIT SCHAFSKÄSE UND KICHERERBSEN

Für 4 Personen

VORBEREITUNG: 15 Minuten
GARZEIT: 30 Minuten

- *4 rote und gelbe Paprikaschoten*
- *150 g Schafsfrischkäse*
- *265 g gegarte Kichererbsen*
- *4 EL Olivenöl*
- *Saft und abgeriebene Schale von 1 Zitrone*
- *1 Bund Koriander*

Den Backofen auf 180 °C vorheizen. Die Paprikaschoten halbieren, entkernen und in eine ofenfeste Form legen. Mit Salz und Pfeffer würzen und mit 1 EL Olivenöl beträufeln. 30 Minuten im Ofen garen.

Die Paprikaschoten in Streifen schneiden und in einer Schüssel mit den Kichererbsen und der Zitronenschale mischen. Mit etwas Zitronensaft und dem restlichen Olivenöl beträufeln. Mit Koriander bestreuen. Den Schafsfrischkäse darauf anrichten.

Mezze-DREIERLEI

Für 4 Personen

VORBEREITUNG: 30 Minuten
GARZEIT: 1 Stunde

- **Für den Tarama**
- *200 g geräucherter Dorschrogen (vom Fischhändler)*
- *2 kleine Scheiben Weißbrot ohne Rinde*
- *3 EL Milch*
- *1 Eigelb*
- *100 ml Olivenöl*
- *½ Zitrone*

- **Für die Erbsencreme**
- *150 g gepalte Erbsen (grün oder gelb)*
- *50 ml Olivenöl*
- *1 Knoblauchzehe*
- *1 Zitrone*

- **Für den Tsatsiki**
- *1 kleine Salatgurke*
- *1 Knoblauchzehe*
- *500 g griechischer Joghurt (500 g)*
- *einige Stängel Dill*
- *einige Stängel Minze*
- *Olivenöl*

TARAMA

Die Brotscheiben in der Milch einweichen. Das Brot zerbröseln, dann Eigelb, das Innere des Dorschrogens (mit einem Löffel behutsam ausgelöst) und etwas Olivenöl hinzufügen und alles mit einem Mixer grob pürieren. Das restliche Olivenöl in dünnem Strahl bei laufendem Motor zufügen und mixen, bis die Masse cremig ist. Mit einem Spritzer Zitronensaft, Salz und Pfeffer abschmecken.

ERBSENCREME

Die Erbsen in einem Topf mit kochendem Wasser 1 Stunde garen. Erbsen, Olivenöl, Knoblauchzehe und Zitronensaft in einem Mixer glatt pürieren. Wenn die Konsistenz zu fest ist, etwas Wasser unterrühren.

TSATSIKI

Die Gurke fein raspeln, mit grobem Salz bestreuen und in einem Sieb 20 Minuten abtropfen lassen. Inzwischen den Knoblauch abziehen und zerdrücken. Die Gurke abspülen und abtropfen lassen. Mit Joghurt, Knoblauch und gehackten Kräutern mischen. Salzen, pfeffern und mit etwas Olivenöl beträufeln.

Sobasalat MIT ZUCCHINI UND RADIESCHEN

Für 4 Personen

VORBEREITUNG: 10 Minuten
GARZEIT: 10 Minuten

- *400 g Sobanudeln*
- *2 Zucchini*
- *1 kleines Bund rosa Radieschen*
- *1 EL Sesamöl*
- *2 EL Sojasoße*
- *30 g Sesam*
- *einige Sesamsprossen (nach Belieben)*
- *geschmacksneutrales Öl*

Die Nudeln in einem Topf mit kochendem Wasser nach Packungsanweisung garen (etwa 5 Minuten). Abgießen und mit kaltem Wasser abspülen, um die Stärke zu entfernen.

Die Radieschen putzen und in dünne Scheiben schneiden. Die Zucchini waschen und in Würfel schneiden, dann in einer Pfanne mit etwas Öl anbraten. Vom Herd nehmen, Nudeln und Radieschen hinzufügen. Mit Sesamöl und Sojasoße beträufeln. Mit Salz und Pfeffer würzen und alles gut durchrühren.

Mit Sesamsamen und Sprossen (falls verwendet) bestreuen und servieren.

2019年 11月23日(土) 10:00-12:00
Concorde Montparnasse

Eingelegtes buntes GEMÜSE

Für 4 Personen

VORBEREITUNG: 15 Minuten
GARZEIT: 5 Minuten

- *1 kleiner Blumenkohl*
- *1 kleine Salatgurke*
- *1 Möhre*
- *1 Bund rosa Radieschen*
- *1 rote Zwiebel*
- *1 TL Pfefferkörner*
- *1 TL rosa Pfefferbeeren*
- *Koriandersamen*
- *1 Bouquet garni*
- *500 ml Apfelessig*
- *200 g Zucker*
- *2 EL grobes Salz*

Das Gemüse waschen. Den Blumenkohl in Röschen zerteilen. Gurke und Möhre in Scheiben schneiden. Die Radieschen putzen und halbieren. Die Zwiebel abziehen und würfeln.

Die Gläser mit heißem Wasser ausspülen, um sie zu sterilisieren. Das Gemüse gemischt oder nach Sorten getrennt in die Gläser füllen. Pfefferkörner, rosa Pfefferbeeren und einige Koriandersamen hinzufügen, dann ein paar Zweige des Bouquet garni in jedes Glas legen.

In einem Topf 1 Liter Wasser mit dem Apfelessig und dem Zucker zum Kochen bringen. Das grobe Salz hinzufügen. Die Mischung über das Gemüse gießen, bis es vollständig bedeckt ist. Abkühlen lassen und die Gläser fest verschließen. Vor dem Verzehr 3 Tage bei Zimmertemperatur stehen lassen.

Nach dem Öffnen hält sich das Gemüse etwa 2 Wochen im Kühlschrank. Luftdicht verschlossene Gläser können an einem dunklen Platz etwa 1 Jahr aufbewahrt werden.

Algensalat MIT GURKE

Für 4 Personen

VORBEREITUNG: 15 Minuten

- *100 g frische Wakame (Bioladen)*
- *1 Salatgurke*
- *1 EL Sesamöl*
- *1 EL Reisessig*
- *2 EL Sojasoße*
- *30 g Sesam*
- *1 Prise Paprikapulver*

Die Gurke in dünne Scheiben hobeln und mit der Wakame mischen.

Mit Sesamöl, Reisessig und Sojasoße beträufeln. Salzen, pfeffern und gründlich mischen.

Mit Sesam und Paprika bestreuen und servieren.

Wassermelonensalat MIT FETA UND KÜRBISKERNEN

Für 4 Personen

VORBEREITUNG: 30 Minuten

- *½ Wassermelone*
- *200 g Feta*
- *50 g Kürbiskerne*
- *100 g Rucola*
- *Olivenöl*
- *1 EL Balsamico-Essig*

Fruchtfleisch der Wassermelone von der Schale lösen und in mundgerechte Stücke schneiden. Den Feta würfeln.

Die Melonenstücke in einer Schüssel mit Rucola und Feta in mischen. Mit Olivenöl und Balsamico beträufeln, salzen und pfeffern. Mit Kürbiskernen bestreuen und servieren.

Variante
Verwenden Sie Salatgurke statt Melone und ersetzen Sie den Rucola durch Minze

Salat AUS RÜBCHEN UND ROTE BETE

Für 4 Personen

VORBEREITUNG: 10 Minuten
GARZEIT: 40 Minuten

- *8 kleine junge Speiserüben (z. B. Mairübchen)*
- *8 kleine Gelbe Bete*
- *8 kleine Rote Bete*
- *2 EL Honig*
- *3 EL Sesamöl*
- *2 EL Reisessig*
- *2 EL Sojasoße*
- *einige Stängel Petersilie*
- *30 g Sesam*
- *Pflanzenöl*

Den Backofen auf 190 °C vorheizen. Das Gemüse putzen, schälen und in Viertel schneiden. In eine ofenfeste Form legen und mit Honig und Pflanzenöl beträufeln. Salzen, pfeffern und gut umrühren. 40 Minuten im Backofen garen.

Abkühlen lassen. Mit Sesamöl, Sojasoße und Reisessig beträufeln. Mit gehackter Petersilie und Sesam bestreuen.

非暴力で絶滅への反抗

Gerichte MIT FISCH UND Fleisch

Bento MIT MAKRELE

Für 4 Personen

VORBEREITUNG: 20 Minuten
GARZEIT: 25 Minuten

- *8 Makrelenfilets*
- *200 g Edamame*
- *300 g japanischer Reis*
- *1 Kopf Brokkoli*
- *1 EL dunkle Misopaste*
- *2 EL Sojasoße + mehr zum Servieren*
- *1 EL Sesamöl*
- *1 EL Sesam*
- *10 dünne Scheiben eingelegter Ingwer*

Den Backofen auf 180 °C vorheizen. Misopaste, Sojasoße und Sesamöl in einer Schüssel verrühren. Die Makrelenfilets in der Mischung wälzen, dann 10 Minuten im Backofen garen. Aus dem Ofen nehmen und mit dem Sesam bestreuen.

Den Reis nach Packungsanweisung garen. In der Zwischenzeit die Edamame 6 Minuten in kochendem Salzwasser blanchieren, dann die Brokkoliröschen 12 Minuten in Salzwasser garen.

Die Makrelenfilets zu Reis und Gemüse servieren. Ingwerscheiben und Sojasoße zum Beträufeln separat dazu reichen.

Lachstatar MIT AVOCADO UND MANGO

Für 4 Personen

VORBEREITUNG: 15 Minuten
MARINADE: 30 Minuten
GARZEIT: 15 Minuten

- *4 Stücke Lachsfilet*
- *2 Avocados*
- *1 reife Mango*
- *200 g japanischer Reis*
- *2 EL Sojasoße*
- *2 EL Sesamöl*
- *einige Stängel Dill*
- *15 g frischer Ingwer*
- *1 EL Sesam*
- *1 Frühlingszwiebel*

Den Lachs in mundgerechte Stücke schneiden und in einer Schüssel mit Sojasoße und Sesamöl mischen. Salzen und pfeffern. Mit gehacktem Dill und geriebenem Ingwer bestreuen und mindestens 30 Minuten in den Kühlschrank stellen.

In der Zwischenzeit den Reis mehrmals gut waschen, um Stärke und Verunreinigungen zu entfernen. Den Reis mit der doppelten Menge Wasser 15 Minuten kochen, dann 5 Minuten abgedeckt stehen lassen, bis er ausgequollen ist. Abkühlen lassen.

Die Avocados und die Mango schälen, in Würfel schneiden und mit dem marinierten Lachs mischen.

Vier Portionsschalen mit etwas Reis füllen und die Lachsmischung darauf anrichten. Mit Sesam, Dill und gehackten Frühlingszwiebeln bestreuen.

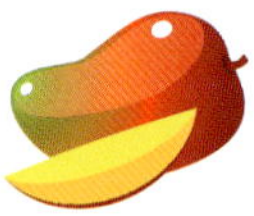

Gemüsesuppe MIT GRAUPEN UND GARNELEN

Für 4 Personen

VORBEREITUNG: 10 Minuten
GARZEIT: 1 Stunde

- *200 g Garnelen*
- *200 g geschälte Gerste*
- *1 Stange Lauch*
- *150 g junge Erbsen*
- *1 Knoblauchzehe*
- *1 Zwiebel*
- *1 EL Tomatenmark*
- *1 Bouquet garni*
- *1 Würfel Gemüsebrühe*
- *Olivenöl*

Knoblauch und Zwiebel abziehen und hacken, dann in einer großen Pfanne mit etwas Olivenöl glasig dünsten. Das Tomatenmark zufügen, gut verrühren und mit 1 l Wasser aufgießen.

In Ringe geschnittenen Lauch, Bouquet garni und Brühwürfel hinzufügen. Zum Kochen bringen, dann die Hitze reduzieren. Die Gerste zugeben. Mit Salz und Pfeffer würzen. 1 Stunde bei schwacher Hitze köcheln lassen.

Etwa 10 Minuten vor Ende der Garzeit die Erbsen und die geschälten Garnelen hinzufügen. In Portionsschalen füllen und heiß servieren.

Linsensalat MIT GERÄUCHERTEM HERING

Für 4 Personen

VORBEREITUNG: 10 Minuten
GARZEIT: 20 Minuten

- *240 g grüne Linsen*
- *200 g geräucherte Heringsfilets*
- *1 rote Zwiebel*
- *1 Bund Dill*
- *½ Bund Petersilie*
- *½ Bund Minze*
- *Saft und abgeriebene Schale von ½ Zitrone*
- *Olivenöl*

Die Linsen nach Packungsanweisung kochen und abgießen. Abkühlen lassen.

In der Zwischenzeit die Zwiebel abziehen und in dünne Ringe schneiden. Die Kräuter fein hacken. Den geräucherten Hering in Stücke schneiden. Alle Zutaten miteinander vermischen.

Die Zitronenschale und den Saft hinzufügen und mit Olivenöl beträufeln. Mit Salz und Pfeffer abschmecken.

GRIECHISCHER *Salat* MIT TINTENFISCH

Für 4 Personen

VORBEREITUNG: 20 Minuten
GARZEIT: 30 Minuten (40 Minuten, wenn der Tintenfisch roh ist)
MARINADE : 1 Stunde

- *1 kg Tintenfisch, gar oder vorgekocht*
- *4 Kartoffeln*
- *2 Knoblauchzehen*
- *1 rote Paprikaschote*
- *150 g grüne Oliven ohne Stein*
- *1 TL Paprikapulver*
- *1 TL Piment d'Espelette*
- *4 EL Olivenöl*
- *Saft und abgeriebene Schale von 1 Zitrone*
- *1 Bund Petersilie*

Die Tentakel des Tintenfisches sorgfältig säubern, dann in einen Topf mit kochendem Wasser legen. Rohen Tintenfisch 40 Minuten im Wasser ziehen lassen, vorgegarten 30 Minuten.

In der Zwischenzeit die Kartoffeln schälen und 20 Minuten in einem Topf mit kochendem Wasser garen. Abtropfen lassen und in dicke Scheiben schneiden. Den Tintenfisch in kleine Stücke schneiden.

Den Knoblauch abziehen, entkeimen und hacken. Die Paprikaschote entkernen und in kleine Würfel schneiden.

Den Tintenfisch in einer Schüssel mit Knoblauch, Paprika, Piment d'Espelette, Paprikawürfeln und Oliven mischen. Die abgekühlten Kartoffelscheiben dazugeben und alles mit Olivenöl und Zitronensaft beträufeln. Mit Salz und Pfeffer würzen. 1 Stunde in den Kühlschrank stellen. Mit gehackter Petersilie und abgeriebener Zitronenschale garnieren und servieren.

Spaghetti MIT MEERESFRÜCHTEN

Für 4 Personen

VORBEREITUNG: 10 Minuten
GARZEIT: 18 Minuten

- *500 g Spaghetti*
- *gemischte Muscheln (Miesmuscheln, Herzmuscheln ...)*
- *2 Knoblauchzehen*
- *2 Schalotten*
- *Saft von 1 Zitrone*
- *1 Prise Piment d'Espelette*
- *1 Bund Petersilie*
- *Olivenöl*

Die Spaghetti nach Packungsanweisung kochen und abgießen.

Knoblauch und Schalotten abziehen und hacken, dann in einer Pfanne mit etwas Olivenöl glasig dünsten. Die Muscheln zufügen und den Deckel auf die Pfanne legen. 10 Minuten garen, bis die Muscheln geöffnet sind. Zwischendurch die Pfanne mehrmals rütteln.

Die Nudeln in die Pfanne geben und mit den Muscheln mischen. Mit Zitronensaft beträufeln. Mit Salz und Pfeffer würzen. Mit Piment d'Espelette und gehackter Petersilie bestreuen. Gut durchrühren und heiß servieren.

Psarosoupa (FISCHSUPPE)

Für 4 Personen

VORBEREITUNG: 15 Minuten
GARZEIT: 30 Minuten

- *1 kg gemischtes Fischfilet (Rotbarbe, Dorsch …)*
- *4 Kartoffeln*
- *2 Möhren*
- *1 Stange Sellerie*
- *1 rote Zwiebel*
- *1 Würfel Gemüsebrühe*
- *1 Bouquet garni*
- *1 Ei*
- *Saft von 1 Zitrone*
- *einige Stängel Petersilie*

Das gesamte Gemüse schälen. Die Kartoffeln in mundgerechte Stücke schneiden, Möhren und Sellerie in dünne Scheiben. Die Zwiebel hacken.

1 l Wasser mit dem Brühwürfel in einem Kochtopf erhitzen. Das Gemüse und das Bouquet garni zufügen. Mit Salz und Pfeffer würzen. 20 Minuten köcheln lassen.

Das Gemüse abgießen, dabei das Kochwasser auffangen. Das Fischfilet in mundgerechte Stücke schneiden, in die Brühe legen und 10 Minuten garen.

In der Zwischenzeit das Ei in einer Schüssel mit dem Zitronensaft verquirlen. Etwas heiße Brühe unterrühren, dann die Mischung in den Topf gießen.

Das Gemüse und den Fisch mit etwas gehackter Petersilie bestreut und mit dem Zitronensud beträufelt servieren.

MARINIERTE Sardinen MIT GEMÜSETATAR

Für 4 Personen

VORBEREITUNG: 15 Minuten
MARINADE : 2 Stunden

- *20 rohe Sardinenfilets*
- *2 Zucchini*
- *2 rote Paprikaschoten*
- *2 Stangen Sellerie*
- *1 Prise Piment d'Espelette*
- *Saft und abgeriebene Schale von 2 Zitronen*
- *100 ml Olivenöl*
- *½ Bund Dill*

Zucchini, Paprika und Sellerie waschen und in kleine Würfel schneiden. In eine Schüssel geben und mit den Sardinenfilets belegen. Mit Salz und Pfeffer würzen und mit Piment d'Espelette bestreuen.

Saft und Schale der Zitronen zugeben und alles mit Olivenöl beträufeln. Mit Dill bestreuen und mindestens 2 Stunden (oder über Nacht) im Kühlschrank marinieren. Gekühlt servieren.

Kabeljau TERIYAKI

Für 4 Personen

VORBEREITUNG: 10 Minuten
RUHEZEIT: 30 Minuten
GARZEIT: 20 Minuten

- *4 Rückenfilets vom Kabeljau*
- *3 EL Sojasoße*
- *1 EL Rohrohrzucker*
- *2 EL Sesamöl*
- *1 EL Reisessig*
- *1 Frühlingszwiebel*

Sojasoße, Zucker, Sesamöl und Reisessig in einer Schüssel gut verrühren. Mit Salz und Pfeffer würzen. Die Fischstücke mithilfe einer Küchenzange in die Marinade legen, wenden und 30 Minuten in den Kühlschrank stellen. Die restliche Marinade aufbewahren.

Den Backofen auf 180 °C vorheizen. Die Fischstücke in eine ofenfeste Form legen und pfeffern. 20 Minuten im Ofen garen, nach der Hälfte der Garzeit mit der Marinade einpinseln. Mit gehackten Frühlingszwiebeln garnieren und zu Reis servieren.

Makrelen mit Kräuterfüllung auf Dinkelsalat

Für 4 Personen

VORBEREITUNG: 20 Minuten
GARZEIT: 30 Minuten

- *6 Makrelen, küchenfertig*
- *½ Bund Petersilie*
- *½ Bund Minze*
- *½ Bund Dill*
- *200 g Dinkel*
- *200 g dicke grüne Bohnen*
- *2 Knoblauchzehen*
- *10 getrocknete Tomaten*
- *1 EL Balsamico-Essig*
- *Olivenöl*

Den Backofen auf 180 °C vorheizen. Den Dinkel in einem Topf mit kochendem Salzwasser 30 Minuten garen, dann abgießen. Die Bohnen in einem anderen Topf mit Salzwasser 6 Minuten garen. Abgießen.

In der Zwischenzeit Knoblauch und Kräuter fein hacken und die Makrelen damit füllen. Die Makrelen in eine ofenfeste Form legen und mit Olivenöl beträufeln. 15 Minuten im Backofen garen.

Die getrockneten Tomaten in schmale Streifen schneiden, mit Dinkel und großen Bohnen mischen. Salzen und pfeffern, dann mit Olivenöl und Balsamico beträufeln. Zu den Makrelen servieren.

Ramensuppe mit SCHWEINEFILET

Für 4 Personen

VORBEREITUNG: 15 Minuten
GARZEIT: 20 Minuten

- *500 g Ramennudeln*
- *8 dünne Scheiben Schweinefilet*
- *4 Eier*
- *5 EL Sojasoße*
- *2 EL Honig*
- *2 Frühlingszwiebeln*
- *1 EL dunkle Misopaste*
- *1 Würfel Hühnerbrühe*
- *geschmacksneutrales Öl*

Den Backofen auf 200 °C vorheizen. 2 EL Sojasoße und den Honig verrühren und das Fleisch damit bestreichen. Das Fleisch in eine ofenfeste Form legen. Leicht salzen und pfeffern. 20 Minuten im Backofen garen, nach der Hälfte der Zeit wenden.

In der Zwischenzeit eine gehackte Frühlingszwiebel in einem Topf mit etwas Öl glasig dünsten. Die Misopaste zugeben, dann 1 l Wasser und den Brühwürfel hinzufügen. Salz, Pfeffer und die restliche Sojasoße zufügen. Mit geschlossenem Deckel 20 Minuten bei schwacher Hitze köcheln lassen.

Die Nudeln in einem Topf mit kochendem Wasser 3 Minuten garen, dann abgießen. Die Eier 6 Minuten lang in einem anderen Topf mit kochendem Wasser garen, dann schälen und längs halbieren.

Nudeln und Fleisch in Portionsschälchen füllen, mit Suppe übergießen, die Eihälften darauflegen und mit gehackten Frühlingszwiebeln bestreuen.

Tataki VOM RIND MIT REISNUDELN UND GEMÜSE

Für 4 Personen

VORBEREITUNG: 20 Minuten
GARZEIT: 15 Minuten

- *4 Filetsteaks vom Rind à 110 g*
- *300 g Reisnudeln*
- *2 Möhren*
- *200 g junge Erbsen*
- *200 g kleine Champignons*
- *5 cm frischer Ingwer*
- *1 Knoblauchzehe*
- *3 EL Sojasoße*
- *1 EL Sesamöl*
- *1 EL Sesam*
- *1 Frühlingszwiebel*
- *Olivenöl*

Die Reisnudeln nach Packungsanweisung kochen. Die Möhren in dünne Scheiben schneiden, die Champignons vierteln.

Etwas Olivenöl in einer Pfanne erhitzen und das gesamte Gemüse 8 Minuten braten. Mit Salz und Pfeffer würzen. Mit den Reisnudeln mischen und beiseite stellen.

Ingwer und Knoblauchzehe schälen und würfeln. Etwas Olivenöl in einer Pfanne erhitzen und den Ingwer und den Knoblauch darin anbraten. Die Rinderfilets zugeben und von jeder Seite 3 Minuten braten, bis das Fleisch leicht gebräunt ist (das Fleisch sollte in der Mitte blutig bleiben). Vom Herd nehmen. Sojasoße, Sesamöl und 1 EL Wasser in die Pfanne geben und einige Augen-blicke bei mittlerer Hitze unter ständigem Rühren köcheln lassen.

Das Fleisch in hauchdünne Scheiben schneiden.
Mit den Gemüsenudeln anrichten und mit der Soße beträufeln.
Mit Sesam und gehackten Frühlingszwiebeln bestreuen.

Kalbsspiesse mit KRÄUTERN und ZITRONENREIS

Für 6 Personen

VORBEREITUNG: 15 Minuten
RUHEZEIT: 30 Minuten
GARZEIT: 15 Minuten

- *1 kg Kalbsnuss*
- *½ Bund Petersilie*
- *½ Bund Koriander*
- *einige Stängel Minze*
- *einige Stängel Thymian*
- *250 g Basmatireis*
- *Saft und abgeriebene Schale von 1 Zitrone*
- *1 Knoblauchzehe*
- *1 Prise Paprikapulver*
- *1 TL Kurkuma*
- *Olivenöl*

Das Kalbfleisch in Würfel schneiden. Kräuter und Knoblauchzehe hacken. Das gewürfelte Fleisch mit den gehackten Kräutern und dem Knoblauch in eine Schüssel geben, dann mit Olivenöl beträufeln und mit Paprika bestreuen. Salzen und pfeffern und alles gründlich vermischen. 30 Minuten in den Kühlschrank stellen.

Den Backofengrill auf 200 °C vorheizen.

Den Reis nach Packungsanweisung kochen. Abgießen und mit dem Saft und der Schale der Zitrone sowie dem Kurkuma verrühren. Mit Salz und Pfeffer würzen und warm halten.

Die Fleischwürfel auf Spieße stecken und 15 Minuten grillen. Mit dem Zitronenreis servieren.

Hähnchen mit GEMÜSE, EINGELEGTER ZITRONE UND SALBEI

Für 6 Personen

VORBEREITUNG: 15 Minuten
RUHEZEIT: 30 Minuten
GARZEIT: 50 Minuten

- *6 Hähnchenteile (z. B. Ober- und Unterkeulen)*
- *1 kg kleine Kartoffeln (Drillinge)*
- *2 Möhren*
- *2 eingelegte Zitronen*
- *10 Blätter Salbei*
- *1 EL Honig*
- *2 EL Olivenöl*
- *1 TL Paprikapulver*
- *4 Knoblauchzehen*

Den Backofen auf 180 °C vorheizen. Die Haut von den Hähnchenteilen abziehen. Honig, Paprika, Salz, Pfeffer und Olivenöl in einer Schüssel verrühren. Die Hähnchenteile vorsichtig von beiden Seiten mit der Mischung bestreichen. 30 Minuten im Kühlschrank marinieren lassen.

In der Zwischenzeit die Möhren in Scheiben schneiden, die eingelegten Zitronen in Stücke schneiden.

Die Hähnchenteile in eine ofenfeste Form legen. Möhren und Zitronen mit den ganzen Kartoffeln und dem Knoblauch um das Fleisch verteilen. Mit Salbei bestreuen und ein Glas Wasser auf den Boden der Form geben. 50 Minuten im Backofen garen, dabei regelmäßig mit dem Bratensaft begießen.

Vegetarische GERICHTE

Minestrone mit PESTO

Für 4 Personen

VORBEREITUNG: 20 Minuten
GARZEIT: 20 Minuten

- *2 Tomaten*
- *1 Zwiebel*
- *1 Möhre*
- *1 Zucchini*
- *1 Stange Sellerie*
- *100 g frische grüne Bohnen*
- *1 Bouquet garni*
- *300 g gegarte weiße Bohnen*
- *1 Würfel Gemüsebrühe*
- *250 g kleine Suppennudeln*
- *1 Knoblauchzehe*
- *1 Bund Basilikum*
- *30 g gemahlene Mandeln*
- *Olivenöl*

Die Tomaten mit kochendem Wasser übergießen, häuten, entkernen und in Stücke schneiden. Die Zwiebel abziehen und würfeln. Möhre und Zucchini würfeln, Bohnen und Sellerie in Stücke schneiden.

Etwas Olivenöl in einem Topf erhitzen. Zwiebel, Möhre und Zucchini einige Minuten hellbraun anbraten. Die Tomaten und das Bouquet garni hinzufügen.

Die weißen Bohnen abtropfen lassen und in den Topf geben, dann grünen Bohnen und Sellerie zufügen. Mit 700 ml Wasser aufgießen und den Brühwürfel hineinlegen. 15 Minuten köcheln lassen. Die Nudeln zugeben und weitere 3 Minuten garen.

In der Zwischenzeit für das Pesto den geschälten und entkeimten Knoblauch mit Basilikum, Mandeln und 100 ml Olivenöl verrühren. Mit Salz und Pfeffer würzen. Die Suppe mit dem Pesto servieren.

Gemüsesuppe MIT WEIZEN

Für 4 Personen

VORBEREITUNG: 15 Minuten
GARZEIT: 25 Minuten

- *200 g Weizen*
- *1 Süßkartoffel*
- *1 Stange Sellerie*
- *1 Zwiebel*
- *1 Handvoll junger Blattspinat*
- *1 Würfel Gemüsebrühe*
- *1 TL Kurkuma*
- *1 kleiner Bund Kerbel*
- *Olivenöl*

Die Süßkartoffel schälen und in kleine Würfel schneiden. Den Sellerie in kleine Stücke schneiden. Die Zwiebel abziehen und würfeln.

Etwas Öl in einem Topf erhitzen. Das Gemüse – außer dem Spinat – darin hellbraun anbraten. 1 l Wasser und den Brühwürfel hinzugeben, dann den Weizen hineinschütten. Mit Salz, Pfeffer und Kurkuma würzen. 20 Minuten köcheln lassen.

Etwa 5 Minuten vor Ende der Garzeit den Blattspinat zugeben und mischen. Mit Kerbel bestreuen und heiß servieren.

Ofenkürbis MIT ROSINEN, GRÜNKOHL UND QUINOA

Für 4 Personen

VORBEREITUNG: 15 Minuten
GARZEIT: 30 Minuten

- *1 großer Hokkaidokürbis*
- *150 g Rosinen*
- *1 Bund Grünkohl*
- *240 g Quinoa*
- *150 g Feta*
- *1 EL Sojasoße*
- *Olivenöl*

Den Backofen auf 180 °C vorheizen. Den Kürbis waschen, entkernen und in dünne Spalten schneiden. Ein Backblech mit Backpapier auslegen. Die Kürbisspalten darauf verteilen und mit Olivenöl beträufeln. Mit Salz und Pfeffer würzen. 30 Minuten im Backofen garen.

In der Zwischenzeit die Quinoa nach Packungsanweisung kochen und abtropfen lassen.

Den Grünkohl putzen und die Blätter vom Strunk zupfen. In einer heißen Pfanne mit einem Schuss Olivenöl und der Sojasoße 5 Minuten braten. Mit Pfeffer würzen und mit dem gerösteten Kürbis vermischen. Mit Quinoa, Rosinen und zerbröseltem Feta bestreut servieren.

Sie können für dieses Gericht auch einen Butternusskürbis verwenden, der allerdings geschält werden muss.

Buchweizen mit Champignons, Kohl und Erdnusssoße

Für 4 Personen

VORBEREITUNG: 10 Minuten
GARZEIT: 15 Minuten

- *240 g geschälter Buchweizen*
- *500 g kleine Champignons*
- *4 kleine Köpfe Pak Choi*
- *1 Zwiebel*
- *2 EL Erdnussmus (ohne zugesetzten Zucker)*
- *3 EL Sojasoße*
- *1 Handvoll Erdnüsse*
- *Olivenöl*

Die Champignons vierteln. Den Buchweizen kochen und abtropfen lassen. Die Zwiebel abziehen und würfeln. Die harten Strünke vom Pak Choi entfernen, dann die Köpfe der Länge nach vierteln.

Etwas Olivenöl in einer Pfanne erhitzen. Zwiebeln und Champignons darin anbraten, dann zum Buchweizen geben und mit diesem mischen. Den Pak Choi in derselben Pfanne braten.

Erdnussmus mit Sojasoße, Salz, Pfeffer und einem Schuss Wasser in einem kleinen Topf auf niedriger Stufe unter ständigem Rühren erhitzen, bis eine glatte Soße entsteht.

Den Buchweizen mit Pilzen, dem Pak Choi und der Soße anrichten und mit Erdnüssen bestreuen.

♦ Statt Pak Choi können Sie auch Brokkoli, Chinakohl, junge Erbsen oder anderes zartes Gemüse verwenden.

Gemista (GEMÜSE MIT REISFÜLLUNG)

Für 4 Personen

VORBEREITUNG: 15 Minuten
GARZEIT: 1 Stunde 5 Minuten

- *2 Paprikaschoten*
- *2 runde Zucchini*
- *4 große Tomaten*
- *1 Knoblauchzehe*
- *1 Zwiebel*
- *einige Stängel Minze*
- *einige Stängel Blattkoriander*
- *einige Stängel Petersilie*
- *200 g Rundkornreis*
- *Olivenöl*

Den Backofen auf 180 °C vorheizen. Von Paprika, Zucchini und Tomaten die Deckel abschneiden. Die Paprika entkernen. Zucchini und Tomaten aushöhlen und das Fruchtfleisch in kleine Würfel schneiden. Knoblauch und Zwiebel abziehen und hacken.

Etwas Olivenöl in einer Pfanne erhitzen. Knoblauch, Zwiebeln und das gewürfelte Gemüse anbraten. Die Mischung in einen Mixer geben, die Kräuter zufügen und alles pürieren. Mit Salz und Pfeffer würzen.

Das Püree mit dem rohen Reis mischen und in das ausgehöhlte Gemüse füllen. In eine ofenfeste Form setzen und die abgeschnittenen Deckel auflegen. Das Gemüse mit einem Glas Wasser und etwas Olivenöl beträufeln. 1 Stunde im Ofen garen, dabei alle 15 Minuten mit der Garflüssigkeit begießen.

Okonomiyaki (CHINAKOHL-OMELETT)

Für 4 Personen

VORBEREITUNG: 15 Minuten
GARZEIT: 10 Minuten

- *4 Eier*
- *250 g Chinakohl*
- *150 g Mehl*
- *1 TL Backpulver*
- *2 TL Rohzucker*
- *2 EL Sojasoße + mehr zum Servieren*
- *1 EL Sesamöl*
- *100 g marinierter Ingwer (für Sushi)*
- *1 Frühlingszwiebel*
- *1 EL Sesam*
- *Sonnenblumen- oder Rapsöl*

Den Chinakohl sehr fein hacken. Die Eier in einer Schüssel verquirlen, dann Mehl, Backpulver und Zucker unterrühren. Etwas Salz, 70 ml Wasser, Sojasoße und Sesamöl zufügen. Den gehackten Kohl und die eingelegten Ingwerscheiben zugeben und umrühren.

Etwas Öl in einer Pfanne erhitzen. Den Teig hineingießen und abgedeckt 5 Minuten garen. Das Omelett wenden und abgedeckt weitere 5 Minuten garen.

Mit etwas Sojasoße beträufeln, mit gehackten Frühlingszwiebeln und Sesam bestreuen und servieren. Nach Belieben mit Ingwerscheiben und etwas gehacktem Chinakohl garnieren.

SÜSSKARTOFFELbratlinge MIT TOFU

Für 4 Personen

VORBEREITUNG: 15 Minuten
GARZEIT: 15 Minuten

- *250 g Süßkartoffel*
- *150 g fester Tofu*
- *120 g Feta*
- *1 Frühlingszwiebel*
- *60 g Mehl*
- *3 Eier*
- *1 Prise Paprikapulver*
- *Olivenöl*

Den Backofen auf 180 °C vorheizen. Die Süßkartoffel schälen und fein raspeln. Tofu und Feta zerbröseln. Die Frühlingszwiebel abziehen und hacken. Diese Zutaten in einer Schüssel mischen. Das Mehl und die verquirlten Eier sowie Salz, Pfeffer und Paprika hinzufügen. Alles zu einem glatten Teig verrühren.

Ein Backblech mit Backpapier belegen. Mit einem Esslöffel Teigkleckse auf das Blech setzen und etwas flacher drücken, sodass kleine Fladen entstehen. Mit Olivenöl beträufeln und 15 Minuten goldbraun backen.

Heiß mit einem grünen Salat servieren.

Zu den Bratlingen passt auch gut eine Soße aus Joghurt mit Kräutern und Zitrone.

GEBACKENE *Auberginen* MIT MISO

Für 4 Personen

VORBEREITUNG: 10 Minuten
GARZEIT: 40 Minuten

- *4 Auberginen*
- *1 EL dunkle Misopaste*
- *2 EL Sesamöl*
- *2 EL Rapsöl*
- *2 EL Sojasoße*
- *2 Frühlingszwiebeln*
- *30 g Sesam*

Den Backofen auf 190 °C vorheizen. Die Auberginen der Länge nach halbieren und das Fruchtfleisch auf den Schnittflächen mehrmals kreuzweise einschneiden. Die Auberginen mit der Schnittfläche nach oben in eine ofenfeste Form legen.

Beide Öle mit Misopaste und Sojasoße in einer Schüssel glatt verrühren. Die Auberginen gleichmäßig mit der Marinade bestreichen. Mit Salz und Pfeffer würzen. 40 Minuten im Backofen garen.

Kurz vor dem Servieren mit gehackten Frühlingszwiebeln und Sesam bestreuen.

Champuru (GEBRATENER REIS)

Für 4 Personen

VORBEREITUNG: 15 Minuten
GARZEIT: 15 Minuten

- *240 g Reis*
- *200 g fester Tofu*
- *200 g Chinakohl*
- *1 Knoblauchzehe*
- *1 Möhre*
- *150 g Mungobohnensprossen*
- *2 EL Sojasoße*
- *1 Frühlingszwiebel*
- *Sonnenblumen- oder Rapsöl*

Den Reis in einem Topf mit kochendem Wasser nach Packungsanweisung kochen, dann abgießen.

Den Tofu in Würfel schneiden. Den Chinakohl fein hacken. Den Knoblauch abziehen, entkeimen und hacken. Die Möhre schälen und raspeln.

Etwas Öl in einer Pfanne erhitzen. Den Knoblauch einige Minuten anbraten. Den gewürfelten Tofu hinzugeben und 5 Minuten unter Rühren braten, bis er goldgelb ist. Chinakohl, geraspelte Möhre und die Mungobohnensprossen zufügen. Den Reis dazugeben, mit Sojasoße beträufeln und gut umrühren. Mit Salz und Pfeffer würzen. Mit gehackten Frühlingszwiebeln bestreut servieren.

VEGETARISCHES Moussaka

Für 4 Personen

VORBEREITUNG: 15 Minuten
GARZEIT: 35 Minuten

- *3 Auberginen*
- *200 g grüne Linsen*
- *1 Zwiebel*
- *1 Möhre*
- *400 g Tomatensoße*
- *1 Kugel Mozzarella*
- *Olivenöl*

Die Auberginen waschen und in Scheiben schneiden. In einer heißen Pfanne mit etwas Öl braten. Zur Seite stellen.

Die Linsen 20 Minuten in einem Topf mit kochendem Wasser garen, dann abgießen.

Die Zwiebel abziehen und würfeln. Die Möhre in kleine Würfel schneiden. Beides in einer Pfanne mit etwas Olivenöl anbraten. Die Linsen zugeben und mit der Tomatensoße aufgießen. Mit Salz und Pfeffer würzen und gut umrühren.

Den Backofen auf 190 °C vorheizen. Den Mozzarella in Scheiben schneiden. Eine Schicht Linsen in eine ofenfeste Form geben, eine Schicht Auberginenscheiben darauf verteilen. Den Vorgang wiederholen, bis alle Zutaten aufgebraucht sind. Alles mit einer Schicht Mozzarella-Scheiben bedecken. 15 Minuten im Ofen backen, bis die Moussaka gebräunt ist.

Rote Bohnen MIT TOMATEN UND TOFU

Für 4 Personen

VORBEREITUNG: 15 Minuten
GARZEIT: 35 Minuten

- *500 g rote Kidneybohnen (Dose)*
- *400 g geschälte Tomaten*
- *200 g fester Tofu*
- *1 rote Paprikaschote*
- *1 Möhre*
- *1 Zwiebel*
- *285 g Mais (Konserve)*
- *1 Prise gemahlener Kreuzkümmel*
- *1 kleine grüne Chili*
- *einige Stängel Koriander*
- *Olivenöl*

Die Kerne aus der Paprikaschote entfernen. Die Möhre schälen, die Zwiebel abziehen. Alles in kleine Würfel schneiden und in einer großen Pfanne mit etwas Olivenöl anbraten.

Die abgetropften Kidneybohnen und den Mais hinzufügen. Die geschälten Tomaten zugeben und gut umrühren. Salzen, pfeffern und mit Kreuzkümmel bestreuen. 30 Minuten bei schwacher Hitze köcheln lassen, dabei gelegentlich umrühren.

Etwa 15 Minuten vor Ende der Garzeit den gewürfelten Tofu hinzufügen.

Kurz vor dem Servieren mit dünnen Chiliringen und gehacktem Koriander bestreuen.

Frühstück, Snacks und Desserts

Haferporridge mit ZIEGENMILCH

Für 4 Personen

VORBEREITUNG: 10 Minuten
GARZEIT: 15 Minuten

- *200 g Haferflocken*
- *1 l Ziegenmilch*
- *60 g Rohrohrzucker*
- *2 Orangen*
- *125 g Heidelbeeren*
- *50 g gemahlene Mandeln*

Die Milch in einem Topf zum Kochen bringen, dann die Haferflocken vorsichtig einrühren. Den Zucker hinzufügen. Die Hitze reduzieren und abdecken. 15 Minuten köcheln lassen, dabei gelegentlich umrühren.

Die Orangen schälen und filettieren. Den Porridge in Portionsschälchen füllen und mit Orangenfilets, Heidelbeeren und gemahlenen Mandeln garnieren.

Heiß oder kalt genießen.

Knuspermüsli mit NÜSSEN, ROSINEN und HONIG

Für 4 Personen

VORBEREITUNG: 5 Minuten
EINWEICHZEIT: 30 Minuten
GARZEIT: 45 Minuten

- *400 g gemischte Getreideflocken (Hafer, Weizen, Roggen, Dinkel ...)*
- *100 g gemischte Nüsse*
- *125 g Rosinen*
- *2 EL flüssiger Honig*
- *2 EL Olivenöl*

Die Rosinen in einer Schüssel mit Wasser 30 Minuten einweichen.

Den Backofen auf 160 °C vorheizen. Getreideflocken und Nüsse in einer Schüssel mischen.

Die Rosinen gut abtropfen lassen und ebenfalls in die Schüssel geben, dann den Honig und das Olivenöl unterrühren.

Ein Backblech mit Backpapier belegen und die Mischung darauf verteilen. 45 Minuten backen, dabei alle 10 Minuten durchrütteln.

Das Knuspermüsli kann in einem luftdicht verschlossenen Gefäß mehrere Wochen aufbewahrt werden.

Koulouri
(GRIECHISCHES SESAMBROT)

Für 8 Ringe

VORBEREITUNG: 20 Minuten
RUHEZEIT: 1 Stunde 20 Minuten
BACKZEIT: 15 Minuten

- *500 g Mehl*
- *12 g Trockenhefe*
- *3 EL Olivenöl*
- *1 TL Salz*
- *1 kleines Glas Milch*
- *30 g Sesam*

Mehl, Hefe, Olivenöl und Salz in einer Rührschüssel mischen, dann 300 ml warmes Wasser hinzufügen. Die Zutaten 10 Minuten lang zu einem homogenen, nicht klebenden und formbaren Teig kneten. Zugedeckt 1 Stunde ruhen lassen, bis sich der Teig verdoppelt hat.

Mit den Händen die Luft aus dem Teig drücken, dann den Teig in 8 Portionen gleicher Größe teilen. Jede Portion zu einer Kugel formen, flachdrücken und in die Mitte ein Loch stechen. Den so entstandenen Ring etwas größer ziehen. Alternativ jede Teigportion zu einem langen Strang rollen, in sich drehen und die Enden zusammendrücken, sodass ein Ring entsteht.

Ein Backblech mit Backpapier auslegen. Die Teigringe darauflegen und 20 Minuten bei Raumtemperatur ruhen lassen.

Backofen auf 200 °C vorheizen. Die Teigringe mit Milch einpinseln und mit Sesam bestreuen. 15 Minuten backen. Lauwarm servieren.

Schafsjoghurt MIT GEBACKENEN APRIKOSEN

Für 4 Personen

VORBEREITUNG: 10 Minuten
GARZEIT: 15 Minuten

- *400 g Joghurt aus Schafsmilch*
- *8 reife Aprikosen*
- *2 EL flüssiger Honig*
- *einige Zweige Rosmarin*
- *1 Handvoll Pistazienkerne*
- *Olivenöl*

Den Backofen auf 180 °C vorheizen. Die Aprikosen entsteinen, in eine ofenfeste Form legen und mit etwas Olivenöl beträufeln. Mit Rosmarinnadeln bestreuen. Die Aprikosen 15 Minuten im Ofen garen, bis sie leicht gebräunt sind.

Den Joghurt in Portionsschälchen füllen. Die Aprikosen darauf verteilen, mit Honig beträufeln und mit grob gehackten Pistazien bestreuen.

Kräutertee

Für 4 Personen

VORBEREITUNG: 10 Minuten
ZIEHZEIT: 15 Minuten

SALBEI-ROSMARIN-MINZ-TEE

- *5 frische Salbeiblätter*
- *einige Stängel Rosmarin*
- *einige Stängel frische Minze*

1 l Wasser in einem Topf zum Kochen bringen. Die Minze und den Salbei waschen und die Blätter abzupfen. Die Blätter zusammen mit den Rosmarinzweigen in den Topf geben und 15 Minuten bei sehr geringer Hitze ziehen lassen. Abseihen und servieren.

INGWER-THYMIAN-ZITRONEN-TEE

- *5 cm frischer Ingwer*
- *einige Stängel frischer Thymian*
- *Saft von ½ Zitrone*

1 l Wasser in einem Topf zum Kochen bringen. Den Ingwer schälen und in Scheiben schneiden. Wenn das Wasser kocht, die Hitze reduzieren, Ingwer und Thymian hinzufügen. 15 Minuten bei sehr geringer Hitze ziehen lassen. Den Zitronensaft hinzufügen, abseihen und servieren.

Diese Tees schmecken heiß, können im Sommer aber auch gekühlt serviert werden. Wer möchte, süßt mit einem Teelöffel Honig.

Früchtesmoothie mit SPIRULINA

Für 4 Personen

VORBEREITUNG: 10 Minuten

- *3 Bananen*
- *2 Kiwis*
- *1 Handvoll junger Blattspinat*
- *1 TL Spirulina*
- *200 ml Pflanzendrink (Milchalternative)*
- *1 EL Agavendicksaft*

Geschälte Früchte, Spinat, Spirulina, Pflanzendrink und Agavendicksaft in einen Mixer geben.

Einige Minuten lang mixen, bis eine glatte und sämige Konsistenz entsteht.

In Gläser füllen und sofort servieren.

NUSSkuchen

Für 6 Personen

VORBEREITUNG: 15 Minuten
BACKZEIT: 45 Minuten

- *400 g Walnusskerne*
- *2 Bananen*
- *80 g Rohrohrzucker*
- *4 EL Olivenöl*
- *120 ml Pflanzendrink (Milchalternative)*
- *250 g Mehl*
- *1 Pck. Backpulver*
- *1 EL Ahornsirup*

Den Backofen auf 180 °C vorheizen. Die Bananen in einer Schüssel mit einer Gabel zerdrücken. Zucker, Olivenöl, Pflanzendrink, Mehl und Backpulver hinzufügen und alles zu einem relativ glatten Teig verrühren. Die Hälfte der gehackten Walnusskerne hinzugeben und unterrühren.

Eine Kuchenform mit Backpapier auslegen und den Teig hineinfüllen. Mit den restlichen gehackten Nüssen bestreuen und mit Ahornsirup beträufeln. 45 Minuten backen.

Zitrusfrüchtesalat MIT GRANATAPFEL

Für 4 Personen

VORBEREITUNG: 15 Minuten
RUHEZEIT: 30 Minuten

- *3 Orangen*
- *3 Clementinen*
- *2 Grapefruits*
- *½ Granatapfel*
- *1 EL Honig*
- *1 EL Olivenöl*
- *einige Stängel frischer Oregano oder Thymian*

Die Zitrusfrüchte schälen und in dünne Scheiben schneiden. Die Kerne aus dem Granatapfel lösen.

Das Obst in eine Schüssel geben, mit Honig und Olivenöl beträufeln. Gut umrühren, dann 30 Minuten im Kühlschrank ziehen lassen. Mit Thymian oder Oregano bestreut servieren.

Brownies AUS ROTEN BOHNEN

Für 4 Personen

VORBEREITUNG: 20 Minuten
BACKZEIT: 25 Minuten

- *200 g dunkle Schokolade*
- *250 g gegarte rote Kidneybohnen*
- *50 ml Pflanzendrink (Milchalternative)*
- *3 Eier*
- *60 g Rohrohrzucker*
- *1 Beutel Backpulver*
- *80 g Haselnusskerne*

Den Backofen auf 180 °C vorheizen. Die Schokolade im Wasserbad schmelzen und etwas abkühlen lassen.

Die roten Bohnen mit dem Pflanzendrink in einem Mixer pürieren. Eier, Zucker und geschmolzene Schokolade hinzufügen. Das Backpulver zugeben und erneut mixen, bis ein glatter Teig entsteht.

Eine rechteckige Backform (ca. 20 × 30 cm) mit Backpapier auslegen und den Teig einfüllen. Mit grob gehackten Haselnüssen bestreuen und 25 Minuten backen. Abkühlen lassen und aus der Form nehmen.

Chakin Shibori (SÜSSKARTOFFEL-BÄLLCHEN)

Für 4 Personen

VORBEREITUNG: 20 Minuten
GARZEIT: 20 Minuten

- *300 g Süßkartoffel*
- *2 EL Maronenpüree*
- *30 g Sesam*

Die Süßkartoffel schälen und in Würfel schneiden. 20 Minuten im Dampf garen, dann gut abtropfen lassen, bis das gesamte Wasser entfernt ist (falls nötig, mit einem Blatt Küchenpapier über die Oberfläche der Würfel streichen, um überschüssige Feuchtigkeit zu entfernen).

Das Süßkartoffelfleisch mit einem Kartoffelstampfer fein zerdrücken, dann mit dem Maronenpüree vermischen. Abkühlen lassen.

Kleine Quadrate aus Frischhaltefolie zuschneiden und auf jedes einen Klecks der Süßkartoffelmasse geben. Mit der Folie zu einer Kugel formen und gut zusammendrücken. Dann die Folie entfernen und die Bällchen mit Sesam bestreuen.

♦ **In Japan serviert man diese Bällchen vor allem in der kalten Jahreszeit zum Tee.**

Schokocookies MIT TAHINI

Für 12 Cookies

VORBEREITUNG: 20 Minuten
BACKZEIT: 12 Minuten

- *150 g dunkle Schokolade*
- *100 g Tahini*
- *50 g Kokosöl*
- *60 g Rohrohrzucker*
- *2 EL Mandeldrink*
- *einige Tropfen Vanilleextrakt*
- *80 g Mehl*
- *½ Pck. Backpulver*
- *30 g Sesam*

Den Backofen auf 180 °C vorheizen. In einer Schüssel das Kokosöl (es muss nicht geschmolzen werden) mit Zucker und Tahini cremig rühren.

Mandeldrink, Vanilleextrakt, Mehl, Backpulver und 1 Prise Salz zufügen. Gut umrühren, dann die zerkleinerte dunkle Schokolade hinzufügen. Erneut umrühren.

Aus dem Teig kleine Kugeln in der Größe eines Tischtennisballs formen. Ein Backblech mit Backpapier auslegen und die Teigkugeln mit großen Abständen darauf setzen. Leicht flach drücken und 12 Minuten backen.

Die Cookies abkühlen lassen, erst dann vom Blech nehmen.

REGISTER

Bibliografische Information der Deutschen Nationalbibliothek
Die Deutsche Nationalbibliothek verzeichnet diese Publikation in der Deutschen Nationalbibliografie. Detaillierte bibliografische Daten sind im Internet über https://dnb.de abrufbar.

Für Fragen und Anregungen
info@m-vg.de

Wichtiger Hinweis
Ausschließlich zum Zweck der besseren Lesbarkeit wurde auf eine genderspezifische Schreibweise sowie eine Mehrfachbezeichnung verzichtet. Alle personenbezogenen Bezeichnungen sind somit geschlechtsneutral zu verstehen.

4. Auflage 2025

Türkenstraße 89
80799 München
Tel.: 089 651285–0

Übersetzung: Wiebke Krabbe
Redaktion: Stephanie Kaiser-Dauer
Umschlaggestaltung: Sonja Vallant
Umschlagabbildung: Sophie Dumont
Layout: Lucile Jouret
Satz: Christiane Schuster | www.kapazunder.de; Andreas Linnemann
Druck: Balto Print UAB, Litauen
Printed in EU

ISBN Print 978-3-7423-2064-3
ISBN E-Book (PDF) 978-3-7453-1828-9
ISBN E-Book (EPUB, Mobi) 978-3-7453-1829-6